“小白”理财

不会理财，怎么富起来

寅憨 编

中国華僑出版社
北京

图书在版编目（CIP）数据

“小白”理财：不会理财，怎么富起来 / 寅憨编.—北京：中国华侨出版社, 2022.1（2023.1重印）

ISBN 978-7-5113-8448-5

I.①小… Ⅱ.①寅… Ⅲ.①私人投资–通俗读物 Ⅳ.①F830.59-49

中国版本图书馆CIP数据核字（2020）第236253号

“小白”理财：不会理财，怎么富起来

编　　者：寅　憨
责任编辑：江　冰
封面设计：阳春白雪
文字编辑：单团结
美术编辑：宇　枫
经　　销：新华书店
开　　本：880毫米×1230毫米　1/32　印张：11　字数：222千字
印　　刷：唐山楠萍印务有限公司
版　　次：2022年1月第1版
印　　次：2023年1月第2次印刷
书　　号：ISBN 978-7-5113-8448-5
定　　价：42.00 元

中国华侨出版社　北京市朝阳区西坝河东里77号楼底商5号　邮编：100028
发 行 部：（010）64443051　传　真：（010）64439708
网　　址：www.oveaschin.com　E-mail：oveaschin@sina.com

如发现印装质量问题，影响阅读，请与印刷厂联系调换。

前言

preface

为什么赚钱不少，还是“月光光”？为什么工作了多年，还是没有多少积蓄？……这时候的你，就需要好好反省自己的理财观念和方法了。

俗话说，“吃不穷，穿不穷，算计不到就受穷”。这句话道明了理财在生活中的重要性。说到理财，很多人的第一反应是：没财理什么啊？就那点钱，刚够过日子，理财那只是有钱人玩的游戏啊！问题就出在这种观念上。正因为钱少，才需要理财。只有理财，才能聚钱，追求财务的自由，生活品质越来越好，从而享受真正的快乐。事实上，越是没钱的人越需要理财。

现如今，理财产品种类繁多，理财方式不胜枚举，我们应根据自身情况，掌握一些理财的方法和技巧，可以买房子，可以炒股票，可以玩基金，也可以交给私人银行或者专业理财师打理……总之，让钱从“死钱”变成“活钱”。

由此可见，理财不是富人的专利，而是任何人都可以学习的技术和方法。从这个意义上讲，我们精心编写《“小白”理财：不会理财，怎么富起来》就是为那些既缺乏理财观念又缺乏理财知识的人准备的。

本书以理财为主线，深入浅出地讲述了“‘小白’理财新观念，有钱没钱都需要理财”“‘小白’理财要用心，做个清醒的投资人”“用钱生钱，适合‘小白’的理财方法”“理性消费，省钱也是理财”“借力生财，财路会越来越宽”五个方面的知识，介绍了当前主流理财工具的操作方法。本书内容丰富、指导性强，一看就懂，一学就会，能够帮助初入理财市场的读者树立起正确的理财观念，掌握实用的理财知识，能根据自己的喜好和风险承受能力，选择适合自己的投资理财产品。

无论你是在求学的成长期、初入社会的青年期、成家立业期、子女成长的中年期，还是退休老年期，都需要建立健康的理财观念、掌握正确的理财方法。一旦能够灵活运用这些理财工具，财富增值就指日可待！

目录
CONTENTS

第一章
"小白"理财新观念，有钱没钱都需要理财

第一节　理财要与时俱进

不理财，压力会越来越大

如今很多职场中的穷忙族都表现得意志消沉，都认为人生很累，经常会发出这样的"天问"：为什么我不能活得更加快乐一点儿？为什么我总感觉有那么多的负担？

事实上，即便你面临多大的困难，肩挑多大的负担，也根本没有必要消极悲观。在很多时候，我们总是会感到生活压力那么大，是由于我们没有对人生进行正确的规划。

正所谓人无远虑，必有近忧，如果你具备足够的危机意识，就不会让自己的人生充满痛苦；相反能够预防紧急危难的发生，让自己的人生平安顺利，即使陷入危难也不至于无

法自拔。

那么，最有效的让你不会感觉压力越来越大的办法究竟是什么？那就是学会理财！

什么是理财？理财就是财富管理。什么叫财富？金钱就是财富，人生也是一种财富，而广义的理财实际上是对人生财富的管理。在很多时候，人们会把理财和投资混为一谈，事实上理财是人生的规划，投资规划只是人生规划的一小部分。

倘若不理财，我们一定会感觉到生活的压力变得越来越大。而你越早学会理财，就越能从生活的压力和财务危机中解脱出来，从而过上轻松愉快且富足有闲的生活。

如果你越晚学会理财，你会感觉到生活压力就会越大。所以一定要规划好人生不同阶段的支出，做好自己的理财规划。

1. 买房子的成本变得越来越高，但薪资增长却极其缓慢

现在房价不断上涨，上涨的幅度也远远超过了我们收入增长的幅度。根据统计，工薪阶层假如要靠薪资买套房子，或许需要不吃不喝 20 年，只有这样才能筹备完整购买房子的资金。但是大多数的人并不可能一下子就能备齐买房子的

全部资金。假如购房的时候只准备了 10% 的自备款，再加上每月支付的贷款利息，对于很多上班族而言，这将会造成沉重的财务负担。假如更换工作或万一固定收入中断，上班族将要面临很严重的资金短缺。对大多数只领一份死工资的上班族而言，要吃饭、要坐车，还要娶妻生子，供养孩子，生活压力之大可想而知。

2. 教育费用的飙涨，供养孩子上学变得越来越难

不管你是否已经结婚，以后都会面临供养孩子上学的问题。假如你现在不学会理财，那么以后等孩子开始上学时，就会觉得压力如大山般压在心头。

如今供养一个孩子读书已经越来越难，由于学费、杂费、择校费、赞助费、附加费等收费项目，名目繁多，教育成本也就越来越高。仅以读大学为例，现在的孩子考大学容易，但是假如没钱，读大学很难。近几年来，大学学费的不断上涨，让很多工薪阶层的父母纷纷大喊吃不消。

如今上大学，有媒体笑称：“说计划不是计划，说市场并不是市场。”一言以蔽之，就是大学好上，但是你没有钱还是不行。即使辛辛苦苦攒了钱，付了学费，也顺利毕业了，最终还是要面临更困难的问题——就业问题。一项对全国近

百所高校所进行的“中国大学生就业状况调查”指出，在国内，目前六成的大学生都面临着毕业即失业的窘境。有些人是真的没有办法在毕业后六个月内找到工作，而有的则是找不到适合自己的工作。

在职场上一直都流传着一句顺口溜：“博士生一走廊，硕士生一礼堂，本科生一操场。”很多公司在招聘新员工之时，通常只招聘人数不多的工作岗位，而寄来的履历资料与前来应聘面试的人成百上千。姑且先不去争论就业与失业的问题是否来自国家经济过快发展产生的过渡期矛盾，从劳动力供给与需求的角度来分析，未来几年，大学毕业生的就业市场必然受到挤压，就业竞争也会变得更加剧烈。

3. 我们老了该怎么办？光指望退休金已经不现实了

如果我们想知道退休之后的各种收入是否会满足养老所需，那么最重要的就是要计算“所得替代率”，它指的是领薪水一族退休之后的养老金领取水平与退休前工资收入水平之间的比率。

计算方式十分简单，如果退休人员领取的每月平均养老金为 900 元，他去年还在职场工作，领取的月收入是 2800 元，那么退休人员的养老金替代率为：（900 ÷ 2800）

×100%=32%。在过去，已经退休的人由于当时的利率尚高，通胀仍低，财富累积较快、较稳，所以所得替代率往往能够维持在 60%~70%，因此在正常的情形之下，他们仍旧能维持过去的生活水平。但现在环境不同了，物价年年都在涨，可是薪资的上涨幅度却远远跟不上物价上涨的速度。按照目前的状况分析，我们这一代的年轻人，到退休的时候也顶多只能维持在 30%~40% 的所得替代率，你把现在的薪水缩减掉 2/3，就已经知道你靠退休金养老是什么样的滋味了。

可见，仅仅这几个原因，就足以让我们感受到未来的压力，使我们明白到理财规划的重要性了。

投资理财并不是富人的专利

其实在我们的日常生活当中，很多的工薪阶层或中低收入者持有“有钱才有资格谈投资理财”的观念。人们普遍认为，每个月固定的工资收入应付自己日常的生活开销就差不多了，还哪来的余财可理呢？“理财投资是有钱人的专利，与自己的生活无关”依旧是一般大众的想法。

实际上，越是没钱的人越需要理财。举个例子，如果你身上有 10 万元，但是由于理财失误，造成财产损失，很有可能立即出现危及你生活保障的许多问题，而拥有百万、千万、上亿元“身价”的有钱人，即使理财失误，损失其一半财产也不足以影响其原有的生活。所以说，必须为自己先树立一个观念，不管是贫是富，理财都始终是伴随人生的大事，在这场“人生经营”过程当中，越穷的人就越输不起，对于理财更应该严肃而谨慎地去看待。

理财投资并不是有钱人的专利，大众生活信息来源的报纸、杂志、电视、网络等媒体的理财方略也不是服务少数人理财的“特权区”。倘若真的有这种想法，那么你就大错而特错了。当然，在芸芸众生之中，所谓的有钱人毕竟还是占少数，而中产阶层的工薪族、中下阶层的百姓仍占绝大多数。由此就可以看出，投资理财是与我们的生活休戚与共的事，没有钱的穷人或初入社会又身无固定财产的中产等层次上的“新贫族”都不应逃避。就算捉襟见肘、微不足道也有可能“聚沙成塔”，运用得当更可能是“翻身”的契机呢！

事实上在我们身边有很多人光叫穷，时而抱怨物价太高，工资收入赶不上物价的涨幅，时而又自怨自艾，恨自己不能生为富贵之家，或者有一些愤世嫉俗的人更轻蔑投资理财的行为，认为是追逐铜臭的“俗事”，或把投资理财与那些所谓的“有钱人”画上等号……殊不知，他们都陷入了矛盾的逻辑思维。他们一方面深切地体会到金钱对生活影响之巨大，另一方面却又不屑于追求财富的聚集。

所以说，我们一定要改变的观念是，既然每天的生活与金钱脱不了关系，就应该正视其实际的价值。当然，过分看重金钱有时也会扭曲个人的价值观，成为金钱的奴隶，因此要诚实地面对自己，究竟自己对金钱持何种看法？是否所得与生活不成比例？金钱问题是不是已经成为自己“生活中不可避免之痛”了？

财富能给人带来生活安定、快乐与满足，它也同样是许多人追求成就感的途径之一。所以要学会适度地创造财富，别被金钱所役、所累，这是每个人都应有的中庸之道。要认识到，“贫穷并不可耻，有钱亦非罪恶”，不要忽视理财对改善生活、管理生活的功能。没有谁能说得清，究竟要多少资金才算符合投资条件、才需要理财呢？

以一些金融工作者的经验和市场调查的情况综合来看的话，理财应该“从第一笔收入、第一份薪金”开始，即便第一笔的收入或从薪水中扣除个人固定开支及“缴家库”之外所剩无几，你也不要低估微利小钱的聚敛能力，100 万元有

100 万元的投资方法，100 元同样有 100 元的理财方式。绝大多数的工薪阶层都是首先从储蓄开始累积资金。一般薪水仅够糊口的“新贫族”，无论他们的收入多少，都应该首先将每月薪水抽出 10% 存入银行，而且保持“不动用”“只进不出”的状态，如此一来你才能为聚敛财富打下一个初级的基础。如果你每月的薪水当中有 600 元的资金，在银行开立一个零存整取的账户，撇开利息不说或不管利息多少，20 年后仅本金一项就能达到 14.4 万元，倘若再加上利息，数目就更可观了，因此“滴水成河，聚沙成塔”的力量不容忽视。

当然，假如嫌银行定存利息过低，而节衣缩食之后的“成果”又稍稍可观，建议可以开辟其他不错的投资途径，或者是入户国债、基金，或涉足股市，或与他人合伙入股等，这些其实都是小额投资的方式之一。但必须要注意参与者的信用问题，刚开始时不要被高利所惑，风险性要妥为评估，绝不要有“一夕致富”的念头，理财投资一定务求扎实渐进。

总而言之，千万不要忽视小钱的力量，就如同零碎的时间一样，要懂得充分运用，时间一长的话，其效果也十分惊人。最关键的问题是我们要有清醒而又正确的认识，给自己树立坚强的信念和必胜的信心。再次忠告大家：理财需要先立志——别认为投资理财是有钱人的专利——理财完全可以从树立自信心和坚强的信念开始。

理财是为了财富的保值和增值

理财是为了什么，有人可能都会说出很多的答案，也可能有人一个也说不出来。从根本上讲，理财只有两个目的——财富的保值和增值。

1. 理财是为了财富的保值

这是理财的初级目的。在当今社会，你省钱、存钱，虽然看起来没什么风险，但仍无法避免地要遭受一部分隐形的损失，那就是通货膨胀造成的货币贬值。无论你的钱是放在手里，还是存在银行，都无法帮你规避这部分损失。不要认为通货膨胀率不是很高，你的积蓄基本上是安全的。

如果以 2007 年为例，某银行的一年定期存款利率是 4.41%，而这年的通货膨胀率平均达到了 4.8%，若不考虑利息税，实际利率就为 4.41% − 4.48%= − 0.07%，也就是说，你的钱实际上贬值了 0.07%，此部分的钱就这样在无形中被损失了。可能，这些数字在小钱上体现并不明显，100 元，

1 000 元，10 000 元，根本造不成什么影响。但钱越多，损失越大。

所以，不能只把钱放在手里或存在银行里，那不是真正的理财。正确的理财要更好、更高效地运用你的资产，首先能够帮你把财产“保值”！

2. 理财是为了财富的增值

这是理财的高级目的。相信随着人们生活水平的提高，大家普遍产生了对富裕生活的追求，不再仅仅满足于一些基本的生活需求。因此，大家都希望自己的财产能尽快地增值，理财恰恰能满足你的这一愿望。例如，如果你的收入有 2 500 元，那么每年从中拿出 1 000 元做投资（也就是每个月拿出不到 100 元钱），若年投资回报率为 10%，以复利来计算，20 年后，总共为 64 000 元，财产得到了较大的增值。

由此可见，良好的理财是财产增值的最佳途径，也是你实现各种财富梦的基础。

不可不知的 9 种理财观念

理财是一生的事、是一件重要的事，要想把财理得明白，我们需要知道以下 9 个理财观念。

1. 你不理财，财不理你

很多人总希望自己能不断地涨工资，有更多的收入，以为凭着这个就能过幸福的生活。实际上，很多时候尽管收入多了，但同时花了更多的钱去买更大的房子，买更好的车，日子反而比以前过得更紧巴了。长此以往，就形成了一个怪圈。因此，如果你希望跳出怪圈，就应养成良好的理财习惯，认真地克服一些不必要的欲望。

2. 存款绝对不是你的唯一

许多人为了安全方便选择了存款，拿着那一点点利息，简直就是活活地把自己的一座金山变成了一座死山。如果去投资，一开始可能挣得不多，甚至会亏本，但水滴石穿，聚沙成塔，时间长了，就有收获。况且，在这个过程中你还可以不断提高自己的投资能力。

如果哪一天突然有钱了，再来学投资可就晚了。这就跟打仗一样，先演习总是有益无害的。

3. 投资不一定有风险

许多投资品种投资起来很简单、方便，比如基金的方便程度可以说和活期存款差不多。股票，甚至更高风险的期货等也不是那么可怕，许多家庭完全有能力承担这种风险。此外，如果你嫌麻烦，还可以委托各种理财专家帮忙呢！

4. 复利，造就亿万富翁

假设一个 25 岁的上班族，投资 1 万元，每年挣 10%，到 75 岁时，就能成为百万富翁。其实，投资理财没有什么复杂的技巧，只需具备三个基本条件：固定的投资、追求高报酬及长期等待。因此，投资要趁早，笨鸟要先飞。

5. 你要掌握三把钥匙

在具备了理财观念之后，为开启投资之门，你还需要掌握三把万能钥匙：价值投资、分散投资、长期投资。价值投资就是说你要买得物有所值，一件东西值多少钱，就花多少钱，不要为表象所迷惑。分散投资，通俗地讲，就是不要把所有的鸡蛋放在同一个篮子里。具体做法是：在金融品种上要分散，存款放一些、股票买一些、黄金备一些，因为不同金融品种的风险不一样，有时可以互相抵消。在同一个金融品种里也可以分散，比如买不同类型的股票和寿命不同的债券，等等。长期投资就是说手脚不要太勤快了。如果整天在市场里进进出出，挣的钱可能还不够付手续费的，不幸很多人就是这么干的。

6. 以平常心对待投资理财

不知大家是否还记得，在电影《满城尽带黄金甲》中，周润发饰演的大王对周杰伦饰演的杰王子讲了这么一句台词：“皇位迟早是你的，但你不要抢，要抢，我就不给你。”这一点与投资在某种程度上有着惊人的相似。投资收益是一定会有的，但你一定要有足够的耐心，不要急于求成。想通过短线投机抢夺大利，其结果往往适得其反。只有不畏风雨飘摇，坚持到底不动摇的投资者，才能尽情享受到丰厚投资回报带来的巨大喜悦。过喜或者过忧，患得患失的人是不容易获得收益的。无须对已经下跌的投资追悔不已，也不必奢望通过短期投机而获得超高收益。只要你有足够的耐心，你一定会得到属于自己的投资回报。

7. 不要轻信

不要轻信，是针对很多人而言的。在投资的时候，你应该有自己的算盘，知道自己在做什么，而不是像墙头草一样，左摇右晃，风吹向哪里，你就倒向哪里。现在是信息爆炸的社会，各种各样的信息漫天而来，你接触到的信息并不一定就是真的。不管这样的信息有多少人在炒作，有多少人在劝你听信他们的建议，你都不要轻易被他们“忽悠”，而是要开动自己的脑筋，作出取舍。记得那个小品《卖拐》吗？"拐了啊，拐了"，你应该在听到有煽动性的话时，如在别人都说大盘涨了或者跌了的时候，问一下自己：你要被拐了吗？

8. 积累财富不能只靠工资

约翰·布朗说让他受益匪浅的就是一位名叫博特·厄普约翰的经理的话："积聚财富不能只靠工资，而是拥有股票。"当然美国的国情和中国不一样，到了中国，这句话应该取前半部分："积累财富不能只靠工资。"因为你的固定薪水再多也只是固定的。而且你固定的薪水除去花费所剩余的又能有多少呢？你真的甘心你的财富来源就只限于你每天辛苦工作而得到的微薄薪水吗？

9. 投资的最大敌人是自己

价值投资大师格雷厄姆认为，投资人最大的敌人不是市场，而是自己。

投资者就算具备了投资股市所必备的财务、会计等能力，如果他们在不断震荡的市道里无法控制自己的情绪变化，那么也就很难从投资中获利。所以投资人若想建立面对股票市场的正确态度，就必须在心理和财务上做好充分的准备，因为市场不可避免地会出现上下震荡，投资人不仅在股价上升时要有良好的心理素质，在股价下跌时，甚至猛烈下跌时也要以沉稳的情绪来面对。若你有那样的心理素质，那么可以说你已经具备了领先99%的其他投资人的心理素质。他说："真正的投资人从来不会被市场形势所迫而轻易卖出自己看好的股票，也不会关心短期的价格走势。"

要有致富的远见

或许会有人问：我没有钱要我怎么投资？等到多年之后，他也将依然是穷人；而有的人就会说：我很穷，因此我必须投资。若干年之后他可能将成为一个有钱人。

在现实当中有不少人由于没有钱，因此什么都肯做，从无到有，聚沙成塔；还有很多人因为没有钱，所以什么都不肯做，只能贫困潦倒一生！成功的投资者往往都是具有积极向上的心态及持之以恒精神的人。富有与贫穷，往往也就是一念所致。

贫穷本身其实并不可怕，可怕的就是因为习惯贫穷而产生蔑视投资的思想。长期的贫穷会消磨人的斗志，封闭人的思想，能够使人变得麻木而迟钝。在思想上对贫穷的退让，会引起行动上对改造贫穷的失败，最终会让你的一生与贫穷伴随。

只有那些崇尚财富，不向贫穷低头的人才会得到财富的垂青，才能成为真正的有钱人。财富不是你能赚多少钱，而是你赚的钱能让你过得多好。

很久以前有一个农家小伙子，他每天的愿望就是从鹅笼里拣一个鹅蛋当作自己的早饭。有一天，他竟然在鹅笼里发现了一个金蛋。刚开始的时候他当然不信。他想，或许是有人在捉弄他。为了谨慎起见，他把金蛋拿去辨别，结果证实这个蛋完全是金子的。于是这个小伙子就卖了这个金蛋，甚至还举行了一个盛大的庆祝会。

直到第二天的清晨，他起了个大早，发现笼子里又有一个金蛋。这样的情况连续出现了好几天。这个小伙子却开始抱怨自己的鹅，他认为鹅每天至少应该下两个金蛋！最后，他气冲冲地把鹅揪出笼子劈成了两半。从此之后，他再也得不到金蛋了。

当我们听完这个故事我们都会嘲笑这个农家小伙子的愚蠢，他由于太贪心失去了给自己创造财富的源泉。

但是现实中，我们经常不自觉地被自己的欲望征服，盲目地追求利润，自堵财路。

在赌场里面为了不劳而获，结果衣衫不剩，甚至让自己变得负债累累；在工作中为了追求效率，盲目冒进，结果事与愿违，甚至伤害到自己的身体；在生意场上为了追求利润所以铤而走险，最终一败涂地的人比比皆是。而这些不都是农家小伙子的写照吗？

富和穷在财富上的观念，除了上一节说到的钱财投资之外，就是有无理财的长远眼光，许多人往往目光短浅，只注重一时利益，而断了自己长久的财路。

第二节　理财越早开始越好

读书趁年少，理财要趁早

很久以前，有一个国家打了胜仗之后，就在王宫里大摆筵席庆功行赏。

国王对王子说：“孩子，虽然我们获得了胜利，可惜你却没有立功。”

王子遗憾地对国王说：“父王，你没有让我到前线去。如何叫我去立功呢？”

有一位大臣连忙过来安慰地说：“王子，你现在才18岁，以后立功的机会还有很多呢。”

王子这个时候对国王说：“那么请问父王，我还能再拥有一次18岁吗？”

国王十分高兴地说：“很好，我的孩子，就因为你的这句话，你已经立了大功了。”

张爱玲有一句名言是这样说的：“出名要趁早。”实际上一个人如果想达成某个愿望，就要提早动身。因为人生没有假设、没有可逆性，时不待人。

同样地，投资理财当然也应该是越早越好了！早到从小就要有理财的意识最好。在国外的一些国家，有很多小孩在他们第一次入学就有了理财方面的学习和培训。国外许多成功的人士，他们从小也都是具备了很强的理财意识，很早就开始了他们的理财活动。例如，存钱、打工、投资证券等。美国著名的股神巴菲特从几岁的时候就开始送报纸赚钱，到十岁多一点儿的时候就开始投资股票，最后成为最成功的投资者，这绝对与他从小就开始理财有很大关系。在我国，我们从一个计划经济相对贫穷的时代，已经走向了开放的市场经济时代，个人和家庭的财富也将变得越来越丰富，因此投资理财也终将会成为家庭的主要任务之一。特别是每个家庭中的孩子，更应该向国外学习，让自己成为一个自强自立懂得理财的现代人。

从小学会理财，就是为了以后走向社会而获得一种生存能力及获取财富的技能。唯有从小就树立投资理财的意识与追求财富的观念，才能在以后资源竞争日益激烈的现代社会中更快更早地获得成功。

如果你现在还没有理财意识的话，那就赶紧开始"恶补"吧！

同时，我们还需要了解一个在理财当中非常重要的原理——货币时间价值原理。所谓货币时间价值指的是货币（资金）经历一定时间的投资和再投资从而增加的价值。简单地说，同样的货币在不同时间它们的价值是不一样的。所谓价值我们其实可以认为是他们的购买力，即能买入东西的多少。比方说现在的1元钱和一年后的1元钱其经济价值是不相等的，或者可以说其经济效用是不同的。在通货膨胀持续的情况下，现在的1元钱，比1年后的1元钱经济价值要大，也就是说更值钱。

但是，为什么会这样呢？

我们可以用一个非常简单的例子来说明。假如你将现在的1元钱存入银行，如果存款利率为10%，那么一年之后你就将得到1.1元钱。这0.1元就是货币的时间价值，或者说前面的货币（1元1年）的时间价值是10%。而根据投资项目的不同，时间价值也会不同，比如5%、20%、30%等。

那么假设一年之后，我们继续把所得的1.1元按同样的利率存入银行，又过一年，你将获得1.21元。以此方式年复一年地存款，当初的1元钱就会不断地增加，年限如果够长的话，到那个时候可能是当初的几倍。这其实也就是复利的神力！复利也就是我们俗称的利滚利。

时间就是金钱！当我们知道了时间的神奇之后，也就了解了同样的资金在5年之前的投资和5年之后的投资的回报将会有所不同。因此越早投资就会越快获得财富。就算你早一天投资，也会比晚一天要好。这也正是趁早投资理财的理由。让时间来为你创造财富！

晚几年开始，可能要追一辈子

现在有很多人都喜欢说，等到我有钱的时候再去投资吧。错！投资一定要趁早。晚几年投资，你可能就要在别人的后面“追”一辈子。举例说明，假如刘先生从 20 岁起，每个月都能定额定投资 500 元用于购买基金。如果年回报率为 10%，那么他投资 7 年就开始不再扣款，随后让本金与获利同时进行复利投资。到了他 60 岁的时候，就可能获得 138 万元；再比如张先生从他 27 岁开始，每个月定额定投资 500 元，其间从不间断，到他 60 岁的时候，才能累积到区区 139 万元。而投资时间越长的话，效果就会变得越显著。假如刘先生在 27 岁的时候不停止，继续每月投资 500 元的话。那么到了 60 岁时，累积的财富将会是 277 万元，差不多是张先生的两倍。

有句话是这么说的：“时间是一个魔法师，它对投资结果的改变同样是十分惊人的。”从你 20 岁开始，每一年省下 6095 元，我们以 6% 的回报率计算的话，40 年以后你就能拥有百万资产。

说到理财，人们往往都会想到这都是有钱人的事，那些家财万贯的人来到银行个人贵宾理财的窗口，聘请一名理财师，为自己度身定制一套满意的理财计划。而大多数的老百姓收入有限，每个月“一手来，一手去”，没有多少积余，还需要理什么财啊？事实上这是一个误解。

其实就个人理财而言，从一定意义上说，是对人生不同年龄阶段有关财产的安排及使用。通常人的一生中接受教育阶段根本是没有任何收入的；只有工作了之后才会有收入，但是收入并不高；再随着时间的推移，收入逐渐地增加，到40~50岁的时候达到顶峰；退休之后，收入则会大幅度地下降。所以说，人生的收入就如同一根抛物线似的。

人生在不同年龄段的支出都是不同的。在接受教育阶段，主要依靠父母的钱生活。到了成年独立生活，压力就会变得更大。紧接着子女教育同样是一笔巨大的开支。依照目前教育费用的估算，培养子女读完大学至少需要20万元。到退休之后，收入会大幅下降。但是由于身体状况、健康等一系列的原因，医疗支出就会变得越来越大，这正是人生第三个花钱高峰期。

在这段时间当中，除了有限的社会保障之外，都是需要依靠工作期间结余的收入来支撑的。要注意的是制定目标要讲求实际。曾经有一个理财师这样说过：理财就是要抓住今天的快乐，规避明天的风险，追逐后天的更快乐。如何才能做到呢？制订一个符合本人实际的理财计划是非常重要的。

晚几年开始，可能真的要追一辈子。如果你想要马上制订理财计划的话，首先就必须明确理财目标。因为每一个人所处的生活环境不同，遇到的财务问题也不尽相同，同时希望达到的理财目标也不同。例如，有的人的理财目标是“钱生钱”，使资产增值；而有的人考虑的是安稳地保障家庭生活，不想让自己的生活大起大落；还有的人希望如何花一笔钱，才能做到既经济又实惠等。总之，理财目标的设定一定要从自己的实际出发，与家人共同商量，首先列出全部的生活愿望，然后再逐一审查，将那些不切实际的目标去掉，从而留下可行的目标，最后再分期分步地实现。

设定理财的目标对于刚开始理财相当重要。而设定理财目标同样离不开原有的经济状况。除此之外，年龄、文化、职业等情况，甚至人的性格、心理素质都有可能对理财目标产生影响。其实理财也同样需要遵守“纪律”，这里讲的所谓“纪律”指的就是理财的时候必须遵守的原则。因为老百姓理财，能够承受的损失有限，通常也是“输不起”的投资。在决定结余比例、选择金融机构、采用何种投资工具、确定目标收益率的时候，必须非常慎重。一定要把控制风险放在第一，切忌盲目投资。

如果想要尽早理财，那么开源节流同样重要。一方面，要尽可能地去争取更多的资金收入；另一方面也要学会预算开支、计划消费，提高结余比例。在生活当中，有的人虽然收入可观，但却终日大手大脚，不会打理，经济状况也就一直比较紧张；有一些人家境贫寒，但是通过自己投资理财，经济状况开始渐入佳境，最终过上了宽裕的日子。所以对于老百姓而言，节俭还是有非常重要的现实意义。例如，在日常生活当中使用节能的热水器、煤气灶，使用节水、节电的设施装置。这些费用看似不起眼，但是年长日久就不再是一笔小数目了。我们同样可以回头看一下自己的消费行为，多半都有冲动性消费或者随意性的消费。很多人都会觉得数目不大，不过几十元或者一两百元钱，所以也就不是非常在意了。倘若要省下这些钱，用复利为你“钱生钱”的话，那么 5 年、10 年、20 年之后，数字就会变得相当可观。

所以说，晚几年开始理财，有可能要追一辈子。在我们人生的旅途当中，不免会遇到各种各样的困难和意外。在我们日常经济生活当中也存在着多种风险及不确定的因素。理财就是抓住快乐、规避风险的重要工具，同样也是对人生的计划和安排。因此，人人都需要理财，早理财才能早得益。

理财千万不能等，马上就行动

当你为自己制定了人生目标，并为此做出了具体的规划之后，还有最重要的一点，就是需要将你的目标和规划付诸行动，否则一切都只是纸上谈兵，你的目标和行动就会像一朵不结果实的花朵那样，华而不实，毫无用处。

因此，倘若你想成为富人的话，你就需要从今天开始采取行动，而并不是拖到明天或者是更晚的时间。作家玛丽亚·埃奇沃斯对这个问题的理解就颇有见地。她曾经在自己的作品中写道：“假如不趁着一股新鲜劲儿，今天就去执行自己的想法，那么明天也就根本不可能有机会把它们付诸实践；它们或许会在你的忙忙碌碌中消散、消失和消亡，又或许将陷入和迷失在好逸恶劳的泥沼之中。”

当代电子游戏之父诺兰·布歇尔被问及企业家的成功之道时，他是这样说的：“关键就是在于抛开自己的懒惰，去做点什么。就是这么简单。许许多多的人都有很好的想法，但却只有很少的人才会即刻着手付诸实践。不是明天，也不是下星期，就在今天。一个真正的企业家是一位行动者，而不是什么空想家。”

马克·吐温曾经就讲过一个关于“明天才行动”的人的故事：

一次某地发大水，一个人的家里进了水。水就要漫过他家的门槛时，一位好心的邻居提醒他，他可以开车拉着这个人去一个安全的地方。可是这个友好的提议却还是遭到了此人的断然拒绝。此人表示：明天再说。随着水面不断升高，最终他不得不爬到了屋顶上。

就在这个时候，一条小船驶了过来，并且表示可以把受难的他带到安全的地方。可是这个提议再次遭到了他的断然拒绝。他仍表示：明天再说。可是水面还在不断地升高，已经漫过了屋顶，眼看着这位老兄就要一命呜呼。正在这个时候，一架直升机突然飞来，并且抛下了一根绳子来营救几乎已经淹在水中的他。可他还是断然拒绝了——拒绝去抓住救命的绳索。就在死亡即将到来之际，这位老兄绝望地抬起头，仰望上天呼喊道：“为什么没有人救救我？”这时突然一个来自天堂的声音说道：“你到底想让我怎么做？我给你派去了一辆卡车、一条船，甚至是一架直升机！”

常言道：失败是成功之母。我们不妨把范围再扩大一些：行动是成功之母。因为失败其实也应当包括在行动的范围之内，只不过是失败了的行动而已。实际行动才是实现一切改变的必要前提。我们通常就是说得太多，思考得太多，梦想得太多，希望得太多，我们甚至总是在计划着某种非凡的事业，但是最终却以没有任何实际的行动而告终。假如我们希望取得某种现实而有目的的改变。那么，我们也就必须采取某种现实而有目的的行动。这其实对于我们是否能够主宰自己的生活是至关重要的。

罗伯特曾经就这样说道：“积极的人生构筑于我们所做的一点一滴之上——而不是那些我们不曾接触的事情。永远不要忘记，构筑人生唯一的原材料便是积极的行动。”

艾德·佛曼曾经在一次演讲中对那些不愿意采取实际行动的空想家进行了细致的刻画：“总有一天我会长大，我会从学校毕业并参加工作，那时，我将开始按照自己的方式生活，总有一天，在偿清所有贷款之后，我的财务状况会走上正轨，孩子们也会长大，那时，我将开着新车，开始令人激动的全球旅行。总有一天我将买辆漂亮的汽车开回家，并开始周游我们伟大的祖国，去看一看所有该看的东西。总有一天……”

可以见得，这些可悲的人始终生活在自己的幻想当中，同时又在实际生活当中扮演着穷人的角色。假如说有什么办法能够改变这种窘况，那就是毫不迟疑地行动！

有一个叫莉莲·卡茨的美国妇女非常清楚这一点。当她还没有成为富人的时候，她就已经认识到，财富从来都不会无缘无故从天而降,唯有依靠自己采取行动才能捕捉到财富。莉莲利用自己结婚的时候亲朋好友送给自己的贺礼中攒下的 2000 美元，在当时一本非常流行杂志上刊登了一则小广告，从而开始走上了推销自己个性化的汉堡和减肥食品的道路。

过后一年，她的订单源源不断，莉莲·卡茨的业务开始不断壮大，已经从当年的目录直邮公司，发展成为如今的 LVC 国际集团，年销售额高达数亿美元，每周需要处理的订单超过 30 000 多份。其实，莉莲·卡茨的成功也正是因为她没有守株待兔，而是以自己对事业的激情和有目的的实际行动去实现自己想要的一切。

事实上，今天抑或是明天，对于那些还总是沉浸在幻想当中而不愿面对现实的穷人来说，仍旧是一个问题。可是假如你想成为富人，并已经打算要为此付出努力而奋力前进的话，一个明确地告诫：你必须从今天，也就是从现在开始就采取行动，去为你自己制定目标和制订相应的计划，并且最终努力去实现你的人生目标！

尽早理财的 8 个新思维

理财并不单纯的是指通过技巧加经验去让自己手里的钱变成更多的钱，还包括一种思维方式。一个真正的理财高手，思维模式与他人不同。这些人好像天生为了赚钱而生，但我们在羡慕的同时可以将他们的思维模式拿来借鉴，培养适合自己的理财思维模式。

1. 能赚钱比不上会花钱

会花钱是指花钱有道，不仅把赚的钱花出去了，甚至还能让钱生钱，在花钱的同时赚回更多的钱。比如说你花了 10 元钱，却换来了 10 元的货，这不算理财，而花了 10 元钱，却得到了 15 元甚至更高价值的商品，这才是真正意义上的理财。所以，我们也可以这样说，会花钱也就是等于赚钱。

要学会把会花钱和赚钱等同起来，并不是所有人都能做到的，它其实需要一定的前提条件：在花费之前一定要多思量，不能凭一时冲动花钱，否则其结果通常只是换来了一时的快感或满足，并没有得到更多的事后利益。

那些最会花钱的人手里没有属于自己的钱，也一样可以赚大钱。就如同理财顾问懂得花别人的钱，同时也可以为自己和他人带来更多的价值利益，而会花钱的最高境界正是和朋友们一起分享那份物超所值带来的喜悦。

2. 钱装进自己的口袋不如装进脑袋

随着当今社会飞速的发展，人们越来越认识到如今是一个知识、信息的时代，而在这个知识、信息爆炸的时代，人们不仅仅需要财富，更需要的是积累财富的能力。

一夜间暴富，但是由于理财不当，花钱如流水，最后依然是清贫如洗的例子我们也早已经见怪不怪；在一个家庭中，尽管夫妻都是高薪，但是月月入不敷出，仍旧需要借债的例子也不少。由此可见，只把钱装到口袋里，就认为可以高枕无忧的做法，显然已经不是明智之举；而把赚钱的能力放到脑袋里，才能真正让钱扎根、发芽，甚至成为常青树。

3. 省钱不如把钱用在"刀刃"上

事实上，传统的观念告诉我们节俭是一种美德，它一直都是发家致富的前提条件之一。可是凡事都得有个"度"，当在不该节约时强行节约，其结果不仅达不到节约的目的，反而会让我们遭受更多的损失，这样的损失就是人们经常说的"效用损失"。

所以说花钱一定要先讲"效用"。效用说的就是物品的有用性，即使用价值，也就是能够满足消费者在生活中的某种需要。因此，当我们在享用某种消费品时，却未能得到它的全部效用。通常这个时候，我们便遭遇了"效用损失"。比如说为了听音乐而买了台录音机，但是为了节约，买了两三盘带子后就不再买新带。这样等过了几个月后带子都听腻了，便不再开录音机，那么这几百块买录音机的钱不就白花了吗?

总而言之，在可能的条件下要做到尽量节约，这一条原则永远也不会过时。但这并不等于花钱越省就越好，假如为了节约而使自己遭受效用损失，那么就得不偿失了。

4. 切勿盲目贷款，要量力而行

大家或许都听说过那个中国老太太和外国老太太的故

事。中国的老太太为了攒钱买房子，自己省吃俭用，住在简陋矮小的房子中，到老了才买了一套大房子，但大房子没住几天就去世了；而外国老太太的梦想同样是买一套大房子，她在一开始的时候就贷了款，很快住进了大房子，在去世之前她也把贷款还完了。随着人们生活理念的不断变化和进步，人们更赞同外国老太太的消费观念。

现如今非常流行“花明天的钱圆今天的梦”的贷款消费观念。可是贷款也要讲究一个度，不可过于盲目。如果说当你圆梦的时候还背负了还款、还息的重负，再加上你的还款能力不是太强，就会给你造成很大的经济压力，最后影响到以后的生活质量。假如你还款能力较弱、心理承受能力差最好要量力而行，尽量不贷款或选择所能承受的小额贷款。

5. 辛苦工作挣钱倒不如让钱生钱

我们可以从科学理财的观念来看，靠自己的高收入和攒钱来实现富裕并非赚钱的唯一出路。特别是凭借攒钱这一方法，很多的人都无法获得最终的财务自由，甚至还会导致错误的理财观念。

穷人和富人表面的差别是钱多钱少，但是在本质上的差别是对待理财的科学态度。可以形象地说，在富人手里，钱是鸡，钱会生钱；可是在穷人手里，钱是蛋，用一毛就少一毛。所以说，不但要通过辛苦工作来挣钱，同时还应当注意让手中积攒的钱活起来，使其成为赚钱的资本，只有这样才能让穷人变富、富人更富。

6. 学会在早教上花钱而不仅仅是给子女攒钱

我们应该都知道“授人以鱼，不如授人以渔”这个道理。所以说与其给子女存钱，倒不如提高他们的综合素质和能力，孩子自身能力才是他们未来的最大保障。尽管父母为孩子攒下了“金山银山”，但倘若孩子没有树立起一个正确的理财观念，花费没有节制，又不会让“钱生钱”，“金山银山”也会被吃空。所以说，提高孩子的理财能力是让孩子积累财富的最好方法。其主要途径是加强孩子的早期教育，从而有意识地在日常生活中培养孩子的理财意识，让孩子从小成为一个有理财意识的人。

7. 让金钱为“我”工作

花钱的思维方式和习惯程度在一定程度上决定了会不会花钱。假如把钱无计划、不节制地消费掉，你就选择了贫困；假如把钱用在长期回报的项目上，你就会进入中产阶层；假如把钱投资于你的头脑，学习怎样获取资产，财富终将成为你的目标和未来。

所以说，应该让金钱为“我”而工作，而不是我为金钱而工作，成为金钱的奴隶，这才是正确的理财观念。

8. 拼命工作也需要注意职场形象

职场形象决定着你的职场命运。某项研究表明，获得高职位的关键正是成功的形象塑造，形象直接影响到收入水平，那些更有形象魅力的人收入通常比一般同事要高 14%。专业形象的关键是成熟稳重。专业形象的设计，首先就是要在衣着上尽量穿得像这个行业的成功人士，宁愿保守也不能过于前卫时尚；除此之外，要了解该行业和企业的文化氛围，把握好特有的办公室环境，在自己的谈吐和举止中要流露出与企业、职业相符合的气质；要注意衣服的整洁干净，尤其是要注意尺码适合；衣服的颜色要选择中性色，注重现代感，把握积极的方向。

当然了，在职场上讲究的是合不合适，不要盲目地去追求名牌，假如衣服不合适，那么你花再多的钱也对提升自己的职场形象毫无用处；更不要一味求俭，没有哪个领导希望自己的下属穿得衣衫褴褛。所以说，适合自己的才是最好的，这样的钱才是花在刀刃上。

第三节　理财中的人性心理解读

投资最大的敌人是你自己

投资最大的敌人是你自己，这可以说是人性的弱点。因为一个投资者在思考的时候是理性的，但是在自己实践操作时，总是因为一些因素丧失理性，与自己的计划发生偏差，导致投资失利。

换句话说，作为一个投资者最重要的是要在操作时保持思考时的理性，因为投资者心灵深处的智慧可以带来财富。

因为客观来说，并没有万能的投资策略，而且甚至很多的投资策略也都是自相矛盾的。那些只赚不赔的宝典或者铁律，事实上都是富有蛊惑力的谎言，而我们要做到的是根据自己面前的情况，理性地选择自己的投资方式。

对于其他人对你投资方式的评价，或对或错你千万要客观分析。因为决定投资方式的还是你自己，如果你不能理性判断对错，那么你的投资决定很可能受到影响，导致投资失利。至于别人的评价，千万不要耿耿于怀。由于每个人所站的角度都不同，以及时间的周期也不一样，时间不单单只是去检验市场，同时还会检验每一个人。

银行存款、国债、黄金、基金、股票，这些极为常见的理财产品对于个人来说是不同的投资机会，如果决策正确就能赚上一笔。就因为如此，大部分人在做投资的时候都有压力，从而导致自己在操作时丧失理性。我们拿基金来举例子：

年份基金这类投资产品受到大家的高度关注。即便是当时市场不好，基金净值表现不佳，仍然会有很多人投资基金。

做基金你要有耐心，无论是在买之前还是买之后。买之前需要有耐心，就是需要你多做功课，花大量的时间研究基金公司的概念，基金经理的操作风格，以及基金产品的属性，选择基金的关键其实还要看基金未来的成长性、基金管理人的管理能力、团队的专业素养、过往的业绩及基金未来的增值潜力等因素。要选择明星公司、明星经理和明星基金，选择的品种不宜过多。当你作出选择之后，就更需要耐心，一定要相信自己之前做出的研究分析和判断，相信你选择的基金公司和基金经理。要让自己耐心持有，长期投资，不为短期市场波动所影响。

以上所述能看出投资的关键点所在，我们个人投资的不理性很容易引起投资失利，而影响我们的外界因素就是个人的贪婪和恐惧。

我们都知道投资最大的敌人是自己，那么就应该采取应对的策略。定期定额可以帮我们克服这些不利因素的影响。它的最佳品种是指数基金，通过定投的方式能够将波动相对较大的投资变成安全性更高的投资。其次，指数基金的投资成本最低。所以，选择净值波动较大的指数型基金进行定投，最能突出定投的效果。

理财的 9 大误区

1. 理财就是生财、让你的财富增值

其实理财策划并非单纯为了多挣钱，但财产的保值增值却是理财目标之一，其实“赚更多的钱”的同时也同样有“失去更多钱”的可能。从广义上来讲，理财也就是善用钱财，理财的成功也就意味着你用有限的资源获得最大的效益，理财的最终目标就是让你的财务状况处于最佳的状态，从而提高自己的生活品质。

2. 理财就是要去投资

有很多人觉得理财就是拿钱去投资，买股票、买基金等。事实上，这只是理财的一部分，理财规划的内容其实除了投资计划，还有像税务计划、退休计划、遗产计划等。而且，现在的理财公司为了使客户得到全方位的服务，还有很多生活方面的增值理财服务。

3. 理财是万能的

理财规划是否能帮你实现所有的梦想？理财专家说的一定是“金口玉言”吗？当然不是。理财规划其实并不是万能的，理财专家也不可能预测到任何的东西。理财规划只是在分析你的财务现状的基础上，为帮你实现合理的理财目标而提出的专业建议。它唯有具有客观性，才有可行性！我们可以试想一下，大码脚穿小码鞋又怎么可能合适呢？

4. 把钱交给理财规划师就好了

现在有很多人都以为理财就是把钱交给理财规划师，全权由策划师去打理，自己根本不用去管。事实上理财策划根本不同于代客理财，它是一个策划师与客户互动的过程，双方需要一定的沟通交流，客户在规划中有最终的决策权，策划师必须得到客户的授权才能执行理财规划。因此，理财是需要客户的积极参与的。

5. 高风险一定高收益

通常在投资学上风险与报酬是成正比的，而根据美国基金研究机构所作的报告指出，以“积极成长型”及“成长收益型”的两种不同类型基金的追踪调查显示，被认为将有较高成长的“积极成长型基金”，其18年的累积报酬率，低于“成长收益型基金”。这个结果正好为我们否定了投资学上的正常公式，这个机构说，造成这样的结果，主要就是因为积极成长型的基金如果在股市狂飙的时候，表现绩效较佳，在股价下跌的时候，成长收益型基金可能就会后来者居上。

6. 理财要花费很多时间和精力

相信你在说“我没时间和精力”的时候，其实并不是想表明“我对理财不感兴趣”。既然你有那么多的时间做你的本职工作，为什么就不能在一个月中花几个小时来看看你的收入和支出呢？如果一旦你接触理财，你就会发现这其实只是一项非常有必要的事情，其产生的效益也绝不会小于你富有挑战性的本职工作，置身其中，你将发现时间和精力会自然变得充沛起来。

7. 理财能够让自己“一夜致富”

很多人都会希望把钱交给理财规划师，马上就可以获得收益。殊不知，真正的理财绝对不可能一夜致富的，理财规划的过程往往是与人生阶段紧密联系的，注重的是长期收益，平均每年 5%~10% 的收益率可能无法满足追求高报酬率的客户。可是以长远的理财规划而言，稳定性往往比高报酬更容易达成理财目标。

8. 到一定人生阶段才开始理财

很多人把理财规划作为生活目标来计划，觉得是否应该结婚或生小孩后才开始规划。事实上想要圆一个美满人生的梦，除了做好计划之外，同时也应该懂得怎样按照各个人生不同阶段的生活所需，将财务做适当计划及管理。既然理财是一辈子的事，那么为何不早早地认清人生各个阶段的责任及需求，制订符合自己生涯的理财规划呢？理财专家指出，理财规划应该趁早进行，以免年轻时任由“钱财放水流”，以至于老的时候生活没有着落。

9. 钱去理财，自己会不会血本无归

有些人觉得拿钱去投资炒股，或许会失去一切，所以宁愿将钱存在银行。这其实是一种非常保守的方法，如今社会上的投资品种有很多，理财专家总是会建议你别把所有的鸡蛋都放在同一个篮子当中，分散投资可以减少风险，购买基金、企业或公司债券或许是你不错的选择。除此之外理财专家还可以为你推荐一些保险保障产品，以巩固你的收益。

警惕投资中的“过度自信”

我们每个人都是理智的，而市场是有效的。这是在过去几十年当中蓬勃发展的主流投资学的“基石”理论。但是近些年以来伴随着“行为金融学”的兴起，越来越多的人都会认识到现实市场中的投资者并不是绝对理性的，不考虑到投资人的非理性一面，也就根本不可能真正把握市场的变动。

在投资者诸多的非理性的行为当中，“过度自信”无疑是最常见的一种——别说普通投资者了，甚至那些非常成功的投资明星，事实上也是难以避免。投资人之所以会“过度自信”，其根源在于我们其实并不如我们以为的那样可以认识自己。你也不妨在身边的亲朋好友之间做一个调查：看看他们谁认为自己的驾驶技术低于平均水平？谁属于平均水平？而谁又高于平均水平？理论上，调查结果应该在平均值上面呈现正态分布。但其实超过 50% 的人都会认为自己的驾驶技术高于平均水平。而这显然与事实根本不符。

其实同样的情况也会出现在投资市场上，因为非理性的人总是很难避免“控制幻觉”和“知识幻觉”对我们的影响。虽然我们在有的时候自以为可以控制无法控制的局面，或者是拥有足够的知识来做出正确的决策，但事实并非如此。长期来说会有很多无法控制或无法预知的情况发生，但投资者只是会把结果归因于一己的知识。更糟糕的是，我们的记忆模式会强化这种“过度自信”。通常我们很容易就可以忘记亏损的经历，而牢记获利的情况，因此我们的自我感觉往往会觉得自己是个成功交易占主导的“成功交易者”，这其实就是导致我们高估的一个原因。

“过度自信”还会带来不好的后果——信息抑制。由于过度自信，我们更加追求自我肯定，在这种心态的驱使下，我们只会去考虑与现有评估都比较相符的信息，从而忽视或刻意回避相悖的信息。当出现全新和令人不安的真相，就会发生认知失衡的情况，而且很有可能对投资决策造成诸多的影响，最终导致信息抑制情况的发生。其本质是我们不考虑不符合个人认知的因素。于是，投资者也就成了把脑袋埋在沙子里面的鸵鸟，对外界重要的变动视而不见，最终被市场所惩罚。

事实上在整个投资过程当中，信息对于决策至关重要。但十分可惜的是，我们根本不可能掌握所有的信息，而信息的不足也就无法拓宽投资者的视野。投资者受限于观察视野，还不能查看所有相关的信息并且同时识别其他的投资及选择或者相悖的事实。投资者通常都会基于信息概要做出投资决定，但是未能分析信息的有效期限，或是否存在其他较佳的选择。这其实也就使得投资者的决策受制于接收到的信息“框架”的限制。与此同时，信息与个人态度的一致性，同样决定了信息的认知度及接受度。这个基本原则就是：信息与个人观点的一致程度越高，那么获得接受的机会也就会越大。

如果本身只能接受有限的信息进行决策，却还是硬要有选择地进行接受，这就自然会导致不完全理性的投资行为。“本土偏差”也无疑是“框架”行为的一个比较经典的例子。即使现代投资理论告诉我们应当进行全球化的投资，但最理性的全球各国家投资比重配比依旧是参考现成的全球股票指数。但实际上，即便是奉行全球化投资的投资者，通常也是在本国股市投入过高比重的资金，从而造成分散投资的不足，甚至可能错过了更多更好的投资市场。

姑且先不论“只缘身在此山中”造成投资者或许根本无法认清熟悉领域的“真相”，这种“本土偏差”同时也会导致过高相关性的问题。

致富的第一步就是学会控制自己情绪

让你无法实践理财致富的主要原因，其实并不在你拥有多高的智商（IQ），而是在于你对情绪控制（EQ）的能力。换句话说，你的投资行为同样会受到情绪左右。明明知道做了一定会后悔的事情，但是你还是忍不住自己内心的冲动做了，于是自己总是在该做决定的时候没有勇气，投资错误了却又患得患失，一天到晚总是抱怨个不停，甚至拒绝下一次可能成功的机会。

因此，“学会做一个有耐心的投资人”绝对是你迈向成功致富必修的功课。

你一定要注意投资理财这件事情，与你个人的勤奋与否没有必然的关联，可是这也并非投机取巧。正确的做法应该是在积极当中保持理性。

如果你想要追求成功投资的话，那你就要具备以下可控制情绪的决策方式。

第一，行情趋势需要抛在脑后。

分析师喜欢讨论未来的市场走势，可是你翻开两三个月前的数据，再与这些分析师和财经媒体的预测做一个比较，你会发现起码有一半以上的预测都是不准的。那么既然不准，为什么大多数的投资人还是持续关注这些分析师与财经媒体的言论呢？这是由于大多数的投资人实在是太健忘了。明辨风险和耐心等待是你必须建立的观念，这也并不是说这些数据与信息根本不重要，但是你必须要对这些数据抱着怀疑的态度，并且随时检查其准确度。消息和分析其实并不能使你在不承担风险的情况下稳赚不赔，而且假如照着分析师与媒体的报道就能赚钱的话，那么究竟谁会赔钱？因此，你也根本没有必要每天盯着大盘、为了在日线图的起起伏伏当中急欲抓住下一分钟的变化而想破自己的脑袋。

第二，只有长期的投资才能彰显价值。

别再迷信能够让你一夕致富的炒短线、内幕消息了，长期投资才是多数人能够掌握住的投资秘诀，你持有的投资期限越长，发生各种不可预测风险的概率在平均分散后，出现超额回报的可能性就越大。

事实上，要投资人达到“手中有股票、心中无股价”境界并不是一件容易的事情，但是诸多经验都为我们指出了同样的事实："频繁地买进卖出，会增加你的投资成本，也会让你可能从某一投资标的的基数下跌，使得你陷入更深的基本面崩溃。"大多数的投资人都抵挡不住频繁换股、积极操作及短期致富的诱惑。

或许这样的操作会让你偶尔尝到甜头，但是从长远来看，你的整体获利绝对是得不偿失的。正所谓"欲速则不达，见小利则大事不成""吃紧弄破碗"，说的其实也就正是这个道理。

避免投资思考中的"非理性"

我们之所以要研究投资中的非理性行为，归根结底正是为了避免这些非理性行为，确保投资的成功。那么如何才能够做到这一点呢？就让我们来看看以下几点建议，或许会对大家有所帮助。

第一，制定出严密的投资程序，从而避免高估自己的能力。实践自我承诺的第一步就是只投资自己熟悉的领域，随后再着手进行一些基本的分析工作，前提就是要着眼于未来的预期收入，并不是以往的成果。阅读一些投资大家的传记，我们就能够发现他们往往扎根于同一个投资领域，或股票或期货，不少人单单是钻研其中很小的一个子领域，如价值低估个股、高成长股、黄金、棉花这样的特定品种，甚至不乏一些技术交易大师只会去挑选自己擅长的某几个技术形态定式交易，而对其他时间的走势冷眼旁观。他们之所以会这么做，在很大的程度上就是为了避免过高地估计自己的能力。

第二，一定要注意收集与个人意见相悖的资料，同时与持相反观点的人互相讨论，只有这样才能够避免投资者过度地自我肯定。多元市场分析是当下非常流行的一种投资分析思路，它能够通过对股市、债市、期货、外汇多个市场走势互动关系的分析，从而更好地把握特定市场的走势。其最大的好处就是你或许能够因此看到其他市场所反映出的迥异的现状，比如当你认为经济正在复苏，股市将受惠于此而继续上涨的时候，却发现更能反映市场对于经济复苏预期的中长期债券收益率总是在掉头向下，而这个时候你就该反思此前的经济复苏预期是否正确，从而让我们避免盲目自以为是。

第三，要把自己的目光放得更长远。你每天都赖以观察投资世界的“窗口”是否大到使你能够从各类重要的投资工具中做出抉择？你是否会因为特别熟悉个别市场、钟情个别主题等，最后导致观察世界的"窗口"过小？那么你不妨把目光放得远一点。

第四，简化你的所有决定。订立固定的长期目标其实是非常可取的方向：一旦确定了投资的风险类别，你就不用常常去重新审视股份组合或借贷比率了，这样也能够避免投资者无时无刻地盯着股价。化繁为简其实也就意味着只投资于我们个人真正熟悉的市场。

第五，把控你的情绪。当你处于决策关头的时候，不妨整理一下个人的情绪状态：你是否会因为喝了咖啡而兴奋不已？或者是因为连续的资本投资报捷而刚愎自用？其实最简单的原则就是：应该考虑整个晚上的时间，留到第二天再做出影响深远的决定。如果在第二天的早上你的选择依旧能吸引你，那才值得加以研究。

第六，要懂得止损。你为何会持有某种亏损证券？你是否以买入价作参考价值，或者预设未来盈利预测，并且以此来重新计算预期股价？你大可以扪心自问：我今天还会增持这种证券吗？假如答案是"不会"，那么"止损"是防止"拒绝承认错误"的良方。

第七，要学会放弃，舍得才能得。假如你实在不擅长投资，那么将资金交给可靠的主动型基金也未尝不可。主动型基金能够有效对抗“避免损失”和“犹豫不决”的心态。基金管理公司负责买卖证券，投资者委托给基金经理进行交易操作，不致重复“太迟止损”和“过早获利”的错误。

克服心理弱点，越过陷阱

有一个农夫要进城卖驴和山羊。山羊的脖子上系着一个小铃铛。三个小偷看见了，第一个小偷说：“我能把羊偷来，还让农夫发现不了。”第二个小偷说：“我能从农夫手里把驴偷走。”第三个小偷说：“这都不难，我能把农夫身上的衣服全部偷来。”

于是，第一个小偷悄悄地走近山羊，把铃铛解了下来，拴到了驴尾巴上，然后把羊牵走了。由于大意，农夫并未发现，继续他的山路之行。在拐弯处，农夫才发现山羊不见了，就急忙四处寻找。

这时第二个小偷走到农夫面前，问他在找什么，农夫说他丢了一只山羊。小偷说：“我见到你的山羊了，刚才有一个人牵着一只山羊向这片树林里走去了，现在还能抓住他。”

农夫恳求小偷帮他牵着驴，自己去追山羊。第二个小偷趁机把驴牵走了。

农夫从树林里回来一看，驴子也不见了，就在路上一边走一边哭。走着走着，他看见池塘边坐着一个人，也在哭。农夫问他发生了什么事？那人说：“人家让我把一口袋金子送到城里去，实在是太累了，我在池塘边坐着休息，睡着了，睡梦中把那口袋推到水里去了。”

农夫问他为什么不下去把口袋捞上来。那人说：“因为我不会游泳，我怕水，谁要把这一口袋金子捞上来。我就送他二十锭金子。”

农夫大喜，心想：“正因为别人偷走了我的山羊和驴子，上帝才赐给我幸福。”于是，他脱下衣服，潜到水里，可是他无论如何也找不到那一口袋金子。当他从水里爬上来时，发现衣服不见了。原来是第三个小偷把他的衣服偷走了。

这农夫表现的正是典型的投资者弱点：大意、贪婪。

投资是最能表现人性的活动，人性的许多缺点在投资中都表现得非常明显，这些缺点让大多数投资者陷入深渊，只有认识并改掉这些毛病的投资者才不会落入陷阱。

弱点一：大意、贪婪。

人们常说苍蝇不叮无缝的蛋，设计陷阱的骗子们通过歪门邪道欺骗投资者固然可恨，但投资者自身的因素也是他们落入陷阱的内因。正确认识自己，看看你是不是这个进城的农夫呢?

弱点二：粗心大意，自食恶果。

2005 年 12 月 13 日，广东机场集团公告称其无偿派发的 2.4 万份白云机场认沽权证将于同年 12 月 23 日起挂牌交易，存续期为 2005 年 12 月 23 日至 2006 年 12 月 22 日。2006 年 3 月 20 日、12 月 13 日、12 月 14 日，广东机场集团先后三次发布公告，提示该认沽权证的最后交易日为 2006 年 12 月 15 日（星期五），从 2006 年 12 月 18 日（星期一）起停止交易。2006 年 12 月 15 日，投资者陈某先后 4 次买卖该权证，至当日收盘时手中持有 43 600 份，总值为 13 734 元。他本来准备在 12 月 22 日前伺机卖出，却得知 12 月 15 日已是最后交易日，损失过万。此后，陈某以信息披露不当、监管不力等为由将广东省机场管理集团公司、广州白云国际机场股份有限公司，以及上海证券交易所三方告上法庭，要求对其损失承担连带赔偿责任。经过一审、二审法院都认定被告不存在过错。

这个案例中由于陈某粗心大意，其后果只能自负。事实上，投资的人更需要细心，否则会因为粗心而损失惨重。

弱点三：轻信别人。

陷阱并不可怕，避免落入陷阱，也没有我们想象的那么难，要想规避投资陷阱，切忌轻信别人。

在当下的投资市场当中，各种虚假信息、投资陷阱层出不穷。尽管法律上国家已经严禁利用内幕消息炒股，但投资者常常能看到许多股票在利好公布前就已经出现飙升行情，泄密现象很明显。内幕消息给投资者带来投机机会的同时，也带来了更大的、不可控制的投资风险。特别是对于一些刚刚进入股市的新股民来说，缺乏长久稳定盈利的经验和技巧，常常将获利的希望寄托在小道消息上，在对消息没有辩证分析能力的情况下，极易跌入消息的陷阱中。因此增强个人的投资能力，重视回避自身的弱点，才能使你更好地回避投资的种种陷阱，在投资中获益。

第四节　理财中要遵循的黄金原则

复利原理：世界上最伟大的力量

事实上所谓的“复利”也称为“利上加利”，指的就是一笔存款或者投资获得回报之后，然后再连本带利进行新一轮投资的方法。复利是长期投资获利的最大秘密。据说曾经就有人这样问过爱因斯坦：“世界上最强大的力量是什么？”出人意料的是，他的回答不是原子弹爆炸的威力，而是“复利”。

而关于复利，还有一个古老的故事：

很久以前，有一个非常爱下棋的国王。他的棋艺超群，从来都没有碰到过对手。于是，他就下了一道诏书，诏书中说不管是谁，只要能够击败他，国王就会答应他的任何一个要求。

有一天，一个小伙子来到皇宫与国王下棋，并且最终胜了国王，国王就问这个小伙子要什么样的奖赏以兑现自己之前的承诺，小伙子说他只要一个很小的奖赏。就是在棋盘的第一个格子中放上一粒麦子，在第二个格子中再放进前一个格子一倍的麦粒，就这样重复向后类推，一直把这棋盘每一个格子摆满麦粒。

国王觉得非常容易就能满足他的这个要求，于是就同意了，但是很快国王就会发现，即便是将国库里所有的粮食都给他，也不够其要求的百分之一，因为即使一粒麦子只有一克重，也需要数 10 万亿吨的麦子才够，虽然从表面上来看，小伙子的起点是很低，但是从一粒麦子开始，经过很多次的乘积，就会迅速变成庞大的数字。

其实复利看起来十分简单［复利公式是 y=N（1+P）x，其中 y 指本利合计，N 指本金，P 指利率或投资收益率，x 指存款或投资的时间］，可是现在许多的投资者根本没有真正了解其价值，或者就算是了解也没有耐心和毅力长期坚持下去，这其实也是大多数投资者难以获得巨大成功的主要原因之一。假如说你要想让资金更快地增长，在投资中获得更高的回报，就必须对复利加以足够的重视。事实上，世界上很多大师级的投资者都把复利原理用到了极致，股神沃伦·巴菲特就是最为典型的一个。

沃伦·巴菲特认为，如果长期持有具有竞争优势的企业的股票的话，就能给价值投资者带来巨大的财富。这其中的关键就在于投资者未兑现的企业股票收益通过复利产生了巨大的长期增值。

投资具有长期竞争优势的企业，投资者所需要做的其实就是长期持有，同时必须耐心地等待股价随着企业的发展而上涨。通常具有持续竞争优势的企业都是具有超额价值的创造能力，其内在价值将持续稳定地增加，相应地，其股价也会逐步地上升。最终，复利累进的巨大力量，将会为投资者带来巨额财富。例如，有人在 1914 年以 2 700 美元购买了 100 股 IBM 公司的股票，一直持有到 1977 年，则之前购买的 100 股增为 72 798 股，市值增到 2 000 万美元以上，就在这 63 年之间投资增值了 7 407 倍。按照复利计算的话，IBM 公司 63 年间的年均增长率仅为 15.2%，虽然这个增长率看上去平淡无奇，但是由于保持了 63 年，所以在时间之神的帮助下，最终为超长线投资者带来了令人难以置信的财富。可是在如今很多的投资者眼中，15.2% 的年收益率实在是太微不足道了。大家一直都在持续高烧，总是痴人说梦：每年翻一倍很轻松——每月 10% 不是梦——每周 5% 太简单……“股神”巴菲特的平均年增长率也只不过是 20% 多一点啊，但是由于他连续保持了 40 多年，因此也就当之无愧地戴上了世界股神的桂冠。

彼得·林奇曾经这样说过：投资者其实就是自己命运的舵手。

在复利原理当中，时间和回报率正是复利原理“车之两轮、鸟之两翼”，这两个因素都是缺一不可。

时间的长短将会对最终的价值数量产生巨大的影响，时间越长，复利产生的价值增值就会越多。同样是 10 万元，按照每年增值 24% 来计算的话，假如说投资 10 年，那么到期金额就是 85.94 万元；假如投资 20 年，到期金额就是 738.64 万元；假如投资 30 年，到期金额则就是 6348.30 万元。

回报率对最终的价值数量有巨大的杠杆作用，回报率的微小差异也会使长期价值产生巨大的差异。曾经有人对 10% 与 20% 的复利收益率造成的巨大收益差异进行过分析：一般来说 1 000 元的投资，收益率为 10%，45 年后将增值到 72 800 元；而同样的 1 000 元在收益率为 20% 的时候，经过同样的 45 年将增值到 3 675 252 元。两个数字的巨大差别，足以激起任何一个人的好奇心。

按照复利原理计算的价值成长投资的回报其实是非常可观的，假如说我们坚持按照成长投资模式去挑选、投资股票。

那么，这种丰厚的投资回报并非遥不可及，我们的投资收益从而也就会像滚雪球那样越滚越大。现在小投资，将来大收益，这其实就是复利的神奇魔力。

复利并不是一个数字游戏，而是告诉我们有关投资和收益的哲理。在我们的人生当中，追求财富的过程，不是短跑，也不是马拉松式的长跑，而是在更长甚至数十年的时间跨度上所进行的一种耐力比赛。坚持追求复利的原则，那么即使起步的资金不太大，足够的耐心加上稳定的“小利”，也一定能够很漂亮地赢得这场比赛。

杠杆原理：小资金带来大收益

每个人或许都知道杠杆是物理学中的术语之一，利用一根杠杆和一个支点，就可以用很小的力量撬起很重的物体。古希腊科学家阿基米德曾经有这样一句流传千古的名言:“给我一个支点，我就能撬起地球！”这其实就是对杠杆原理最精彩的描述。事实上杠杆原理也充分应用于投资当中，主要就是指利用很小的资金获得很大的收益。

我们可以以投资服装生意来说明杠杆的应用。比如说你有 1 000 元钱就可以做 1 000 元钱的生意了，你在进货买入

1 000元的衣服能够卖出1 400元，从而自己也就赚了400元，这其实就是自己的钱赚的钱，正是那1 000元本钱带来的利润。通常这是没有杠杆作用的。

从银行贷款是要给银行利息的，这个道理我们其实也都知道。但是利息就是你从银行拿钱出来使用的成本。这等于是你用利息买来银行的钱的使用权，当你使用之后你还是必须还给银行的。假如说你看准做服装的生意肯定是赚钱的，从银行贷款10万元，使用1个星期，如果说利息正好是1 000元的话，那么这也就等于你用1 000元买了银行10万元的使用权，而用这10万元买了衣服，卖出后得到14万元，你自己就赚了4万元。这其实就是用自己的1 000元撬动了10万元的力量，用10万元的力量赚了4万元的钱。这正是一个杠杆的例子。

杠杆经常是用“倍”来表示大小。假如说你有100元，投资1 000元的生意，这就是10倍的杠杆。假如说你有100元可以投资10 000元的生意，这就是100倍的杠杆。比如做外汇保证金交易的时候，其实就是充分地使用了杠杆，这种杠杆从10倍、50倍、100倍、200倍、400倍的都有。最大也能使用400倍的杠杆，事实上就是等于把你自己的本钱放大 400 倍来使用，有 1 万元就相当于有 400 万元，可以做 400 万元的生意了。这是非常厉害的。

还有我们买房子时的按揭，其实也是使用了杠杆原理。绝大多数的人买房子，都不是一笔付清的。假如说你买一幢 100 万元的房子，首付是 20%，那么这样一来你就用了 5 倍的杠杆。

假如说房价增值 10%的话，你的投资回报就是 50%。那倘若你的首付是 10% 的话，杠杆就变成了 10 倍。假如房价涨 10%，那么你的投资回报也就是一倍！足可以见，用杠杆赚钱来得快。

然而凡事都是有一利就有一弊，甘蔗没有两头甜，杠杆也不例外。杠杆能够把回报放大，同样也可以把损失放大。同样用那 100 万元的房子做例子，假如房价跌了 10%，那么 5 倍的杠杆损失也就是 50%，10 倍的杠杆损失，也就是你的本钱尽失，全军覆没。比如美国发生的次贷危机，其主要原因就是以前使用的杠杆的倍数太大。

通常在股票、房价疯涨的时候，很多人都恨不得把杠杆能用到 100 倍以上，这样才可以回报得快，一本万利；可是当股票、房价大幅下跌的时候，杠杆的放大效应也就会迫使很多的人把股票和房子以低价卖出。当人们把股票和房子低价卖出的时候，就造成了更多的家庭资不抵债，被迫将资产以更低价出售，从而造成恶性循环，导致严重的经济危机。

总而言之，我们在使用杠杆之前一定要有一个更重要的核心要把握住：就是成功与失败的概率是多大。如果说赚钱的概率比较大，就可以用很大的杠杆，因为这样赚钱快。假如失败的概率比较大，那根本不能做，做了就是失败，而且会赔得很惨。

在投资市场上，人们都有以小博大的希望，希望用最少的钱赚更多的钱。但是，天下没有免费的午餐，使用杠杆是以巨大的风险为代价，这就需要投资者不要只看到收益，更要看到风险，谨慎使用这一工具。

不可预测性：没有人能精确地预测投资市场

投资市场的不可预测性指的就是证券市场它是一个十分复杂的动态系统，因为其内部因素相互作用的复杂性及影响它的很多外部因素的难处理性，使得其运行规律难以被理解和刻画。但是在具体的投资过程当中，很多的人最喜欢做的事却是去预测，或者就是让别人去预测。这其实是投资者对市场缺乏了解的一种表现。事实上，从来就没有人可以正确预测出不论是大盘还是个股的具体点位或价位，最多也就是根据当时的走势判断一下趋势是怎样的。

市场会以它自己的方式来证明大多数的预测都是错误的。

那些著名的投资大师，他们更多的其实就是关注股票本身，以及大的趋势，他们很少花心思去预测股市的短期变化。比如说有股神之称的沃伦·巴菲特和美国最成功的基金经理彼得·林奇就曾经这样告诫过投资者：永远都不要试着去预测股市。这是因为没有人可以预测到股市的短期走势，更不可能预测到具体的点位。就算是有一次预测对了，那也是运气，是偶然现象，并不会是常态。

巴菲特曾经说过：“我从来都没有见过一个能够预测市场走势的人。”“事实上分析市场的运作与试图预测市场是两码事，能够了解这点是相当重要。我们也都已经逐渐在接近了解市场行为的边缘，可是我们还不能够具备任何预测市场的能力。复杂适应性系统带给我们的教训是，市场是在不断变化的，它顽固地拒绝被预测。”他一直都坚持认为，预测在投资当中其实根本不会占有一席之地，而且他的方法就是投资于业绩优秀的公司。他还说道：“事实上，人的贪欲、恐惧和愚蠢是可以预测的，但其后果却是不堪设想。”在他看来，投资者经历的也就不外乎是两种情况：上涨或下跌。而关键就是投资者必须利用市场，并不是被市场所利用，所以投资者千万不要让市场误导自己采取错误的行动。

实际上只要我们能够仔细想想，就能够知道那些所谓的预测的不可靠性。假如说那些活跃的股市和经济预测专家能够连续预测成功的话，他们早就已经成了大富翁，还用得着到处奔波搞预测吗？

即便是那些投资市场上的大型机构，也不能够准确预测股市的短期走势。比如说在中国市场上，近年来机构对上证指数最高点位的预测（这些预测无疑代表了目前中国资本市场高端的研究水平，集中了许多重量级研究机构和研究人员的智慧）就屡屡失算。其实在 2005 年年末各大券商机构对 2006 年的预测，1 500 点已经算是最高目标位的顶部了，那个时候有个别专家分析股改大势后提出，1 300 点也就将成为历史性底部的时候，不少的分析人员还嗤之以鼻。可是实际上，2006 年却是以 2 675 点最高点位收盘。直到 2006 年年末，绝大多数的机构对 2007 年上证指数的预测都是远远低于4 000点，而实际上2007年以来，将近半年以上时间都是在4 000点上方运行，直到10月份上证指数还一度达到6 124点的高位。随后股市大跌，有好多人预测4 000点是政策底，绝对不会跌破，但是结果股指还是最终跌破了2 000点。而且很多人预测2008年奥运会时会有一波大行情，可是最终的结果不但奥运会前夕股市表现很弱，而且就在奥运会开幕当天，股市开始了向下破位。在奥运会进行的那些天，股市还是一路向下。预期中的奥运行情根本没有出现，留下的则是黑色梦魇。由此可见，对于具体点位的预测常常是“失算”的时候多于“胜算”。

本杰明·格雷厄姆曾经这样说过：假如说我在华尔街60多年的经验中发现过什么的话，那其实也就是没有人能成功地预测股市变化。

尽管股市的具体点位是不能准确预测的，但是大的趋势还是可以判断的。事实上，彼得·林奇的“鸡尾酒会”理论就是一个寻找股市规律的有效工具。

所有企业预测市场的人最终以惨败告终。所以，不要企图精确预测，特别是企图把握股票的短期波动。因为没有人能真正做到这一点。如果投资者能把金钱和精力投入有限的股票和企业上来，有针对性地对自己买入股票的公司加以全方位的了解，这样，投资的效果会更好。

波动原理：不停地波动是投资市场永恒的规律

在投资市场上，股票的价格是不可能一直上涨，也同样是不可能一直下跌的，大部分时间是围绕股票的内在价值不断地涨涨跌跌进行波动。英国著名经济学家休谟曾经指出：“一切东西的价格取决于商品与货币之间的比例，任何一方的重大变化都能引起同样的结果——价格的起伏。”休谟还进一步说：“商品增加，价钱就便宜；货币增加，商品就涨价。反之，商品减少或货币减少也都是有相反的倾向。”事实上，股票也是一种商品，同样受这种规律的制约。当某一特定的股票市场，交易的股票数量增加，并且参与交易的资金不变的时候，交易的价格从而也就会下跌；相反，当参与交易的资金增加，而交易的股票数量不变的时候，交易的价格从而就会上涨。

事实上关于股票波动特性的研究，最著名的当数 R.E. 艾略特的波浪理论。艾略特认为，无论是股票还是商品价格的波动，其实也都与大自然的潮汐、波浪一样，一浪跟着一浪，周而复始，具有相当程度的规律性，展现出周期循环的特点，任何波动均有迹可循。所以说，投资者可以根据这些规律性的波动预测价格未来的走势，从而确定自己的买卖策略。

1. 波浪理论的四个基本特点

（1）股价指数的上升和下跌将会交替进行。

（2）价格波动两个最基本形态是推动浪和调整浪。推动浪（与大市走向一致的波浪）可以再分割成五个小浪，一般用第 1 浪、第 2 浪、第 3 浪、第 4 浪、第 5 浪来表示，调整浪也可以划分成三个小浪，通常用 a 浪、b 浪、c 浪表示。

（3）在上述八个波浪（五上三落）完毕之后，一个循环也就宣告完成，走势将进入下一个八波浪循环。

（4）时间的长短根本不会改变波浪的形态，这是因为市场仍会依照其基本形态发展。波浪可以拉长，也可以缩细，但其基本形态永恒不变。

总而言之，波浪理论可以用一句话来概括，即“八浪循环”。

2. 波浪理论的缺陷

（1）波浪理论有所谓延伸浪，有的时候五个浪可以伸展成九个浪。然而在什么时候或者在什么准则之下波浪可以延伸呢？艾略特没有明言，使数浪这回事变成各自发挥，自己去想。

（2）波浪理论家对现象的看法其实并不统一。每一个波浪理论家，包括艾略特本人，在很多时候都会受一个问题的困扰，就是一个浪是否已经完成又开始了另外一个浪呢？有的时候甲看是第一浪，乙看是第二浪。差之毫厘，谬以千里。看错的后果却十分严重。一套不能确定的理论用在风险奇高的股票市场，运作错误足以使人损失惨重。

（3）甚至如何才算是一个完整的浪，也无明确定义。股票市场的升跌次数绝大多数不按五升三跌这个机械模式出现，但波浪理论家却曲解说有些升跌不应该计算入浪里面。这种数浪完全是随意主观。

（4）事实上在波浪理论的浪中有浪，可以无限伸延，也就是升市的时候可以无限上升，其实在上升浪之中，一个巨型浪可以持续一百多年。下跌浪也可以跌到无影无踪都仍然是下跌浪，只要是升势未完就仍然是上升浪，跌势未完就仍然是下跌浪，可是这样的理论又有什么作用？能否推测浪顶浪底的运行时间甚属可疑，等于纯粹猜测。

总的来说，波浪理论是一套主观性很强的分析工具，不同的分析者对浪的识别和判断会不同，对浪的划分也很难准确界定，这对投资者的判断力要求非常高。

一般来说，波浪理论不能运用于个股的选择上，只用以分析大量或平均指数，并由此发现较理想的买卖时机。而且波浪理论运用也非常灵活，投资者不能死搬硬套。

二八定律：投资市场上总是少数人赚钱，多数人赔钱

19 世纪末意大利经济学者帕累托发现了“二八定律”。他认为：在任何一组东西当中，其实最重要的只占了其中的一小部分，约 20%，而其余的 80% 的虽然说是多数，但却是次要的。比如 20% 的人占有 80% 的财富；20% 的投入换来 80% 的回报。并且这样的不平衡的模式会重复地出现。

“二八定律”的关键是不平衡关系问题。因为事物的本身就已经存在着一定的秩序关系，而各种关系内在的力量是不平衡的，必然也就会有强势和弱势之分，也势必会造成因果关系的不对等。这样的话投入和产出也就不会成为正比。事实上从财富分配的角度来讲的话，正是这种不平衡导致了人们收入的差异。比如说两个人的投入同样都是 8 个小时，

产出的成果也是绝对不一样的。通常员工工作了 8 小时获得的报酬是 150 元，老板工作了 8 小时获得的报酬则是 20 000 元。

其实在投资市场上，这种不平衡表现得非常突出。可以说，“二八定律”在发挥着重要的作用，比如说在股票投资市场上，一轮的行情也许只有 20% 的个股能成为黑马，80% 个股会随大盘起伏。80% 的投资者会和黑马失之交臂，仅仅是 20% 的投资者与黑马有一面之缘，但能够真正骑稳黑马的少之又少。

80% 投资利润都是来自 20% 的投资个股，其余剩下的 20% 投资利润来自 80% 的投资个股。投资收益有 80% 来自 20% 的交易，其余 80% 的交易只能带来 20% 的利润。因此，投资者也就是需要用 80% 的资金和精力去关注其中最关键的 20% 的投资个股和 20% 的交易。

事实上在股市当中有 80% 的投资者只想着如何赚钱，仅有 20% 的投资者考虑到赔钱时的应变策略。结果是只有那 20% 的投资者能长期盈利，而 80% 的投资者却常常赔钱。

20% 赚钱的人掌握了市场中 80% 的正确的有价值的信

息，而 80% 赔钱的人因为各种原因没有用心收集资讯，只是通过股评或电视掌握 20% 的信息。

当 80% 的人看好后市的时候，股市已接近短期头部；当 80% 的人看空后市的时候，股市已接近短期底部。唯有 20% 的人可以做到抄底逃顶，80% 的人是在股价处于半山腰时买卖的。

券商佣金的 80% 是来自 20% 短线客的交易，股民收益的 80% 却来自 20% 的交易次数。所以说，除非有娴熟的短线投资技巧，否则不要去贸然参与短线交易。

如果说只占市场 20% 的大盘指标股对指数的升降起到 80% 作用，那么在研判大盘走向时，一定要密切关注这些指标股的表现。成功的投资者用 80%时间学习研究，用 20% 的时间实际操作。然而失败的投资者用 80% 的时间实盘操作，用 20% 的时间后悔。

通常股价在 80% 的时间内是处于量变状态的，仅仅在 20% 的时间内是处于质变状态。

成功的投资者用 20% 的时间参与股价质变的过程，用 80% 的时间休息，失败的投资者用 80% 的时间参与股价量变的过程，用 20% 的时间休息。

在股市当中20%的机构和大户占有80%的主流资金，80%的散户占有20%的资金，因此投资者只有把握住主流资金的动向，才可以稳定获利。

事实上对于投资者而言，假如能够吃透“二八定律”的精髓，把它应用于股市，赚钱就会变得很轻松。

投资需要智慧，需要理性和思考，而不是盲目地辛劳，频繁地交易。那些成功的投资者往往把80%的精力和时间放在研究股票上，把20%的精力和时间放在交易操作上；而那些失败的投资者往往相反。

在现实生活中，我们常常能看到人性的一个弱点：避重就轻。虽然知道哪个更重要，但总会找到各种借口和理由去躲避它。结果当然是：味淡的莲子尝了不少，却难得有机会去品尝那香甜的核桃。人的生命短暂，时间有限，我们必须清晰地认识到哪些事情是最重要的，哪些事情是最关键的。我们应该分清事情的轻重缓急，先做那些对实现自己使命而言最重要的事情，这样我们就不会捡了芝麻，丢了西瓜。我们的人生就不会那么庸俗，那么碌碌无为，那么孱弱，那般难以选择。否则，有一天我们终将发现我们所得的远远小于所放弃的东西。

安全边际：赔钱的可能性越小越安全

事实上价值投资两个最基本的概念就是安全边际和成长性。在这里面，安全边际是比较难把握的。这其实也是很正常的，因为假如人们学会了确定安全边际，短期虽然难免损失，但是从长期来看，应该是不赔钱的。这么好的法宝，当然也就会不容易掌握。

那么，什么才叫做安全边际呢？为什么要有安全边际这个概念呢？

其实安全边际顾名思义就是股价安全的界限。这个概念是由证券投资之父本杰明·格雷厄姆所提出来的。其实作为价值投资的核心概念，安全边际在整个价值投资领域当中都处于至高无上的地位。实际上它的定义非常简单而朴素：内在价值与价格的差额，就是价值与价格相比被低估的程度或幅度。格雷厄姆认为：值得买入的偏离幅度必须使买入是安全的。最佳的买点是即便不上涨，那么买入之后也不会出现亏损。格雷厄姆把具有买入后即使不涨也不会亏损的买入价格与价值的偏差称为安全边际。格雷厄姆给出的正是这样一个原则，这个原则的核心是就算不挣钱也不能够赔钱。同时安全边际越大越好，安全边际越大，获利空间自然就会越高。

虽然安全边际不能够保证可以避免损失，但是却能够保证获利的机会比损失的机会将更多。巴菲特曾经指出：“我们的股票投资策略持续有效的前提是，我们可以用具有吸引力的价格买到有吸引力的股票。对投资人而言，买入一家优秀公司的股票时支付过高的价格，将抵消这家绩优企业未来10年所创造的价值。”这其实也就是说，忽视安全边际，尽管买入优秀企业的股票也会因买价过高而难以盈利。

对于投资者而言，不可以忽视安全边际。但是在什么样的情况下股票就能达到安全边际，股价就安全了呢？10倍市盈率是不是就安全呢？或者是低于净资产值就安全呢？未必是。倘若事情能够这么简单的话，那就人人赚钱了，股市从而也就成了提款机。

我们可以打一个比方，比如说鸡蛋10元钱一斤，值不值？就现在而言，相当不值。这个10元钱是价格，但是我们其实还可以去分析一下价值，从养鸡、饲料、税费、运输成本折算一下的话，可能就只是2元钱一斤，那么这个2元钱就是鸡蛋的价值。什么是安全边际呢？就是说把价值再打个折，就可以获得安全边际了。比如你花了1.8元钱买了一斤鸡蛋，你就拥有了 10% 的安全边际；你花了 1.6 元钱买了一斤鸡蛋，那你就拥有了 20% 的安全边际。

因此安全边际其实就是一个相对于价值的折扣，并不是一个固定值。我们只能这样说，当股价低于内在价值的时候从而也就有了安全边际，至于安全边际是大还是小，就看折扣的大小了。

为什么要有安全边际呢？曾经有人打了一个很好的比方，假如说一座桥，只允许载重 4 吨，我们只允许载重 2 吨的车辆通过，显然这个 2 吨就是安全边际。这样一来，就给安全留出了余地。就内因来说的话，假如在我们设计或施工中有一些问题，那么这个 2 吨的规定就非常有可能保障安全；就外因来说，万一要是有个地震或地质变化什么的，2 吨的安全边际可以保障不出事。

股价的安全边际同样是如此，就内因来说，我们或许对一个企业的分析有错误，那么安全边际保障我们就不会错得太离谱；而就外因来说，一个企业可能会出现问题，也许会在经营中进入歧途，那么当我们察觉到的时候，或许还吃亏不大。这就是因为我们的选择有安全边际，其实就是股价够便宜，给我们留出了犯错误和改正错误的空间。

本杰明·格雷厄姆曾经这样提到过：我大胆地将成功投资的秘诀精炼成四个字的座右铭：安全边际。也许有人会说，大盘涨起来的时候都没有安全边际了；可是问题是，在市场极度低迷的时候，许多有很大安全边际的股票根本无人问津。

话又说回来，有安全边际保障股价就安全了？其实未必。最大的安全边际是成长性。例如，一个生产寻呼机的企业只有5倍市盈率，这不算高吧？但是现在连寻呼台都找不到了，安全边际就是笑话。足可以见，通常只有在具有成长性的前提下，安全边际才有真正的意义。

事实上对安全边际的掌握更多是一种生存的艺术。投资就好比是行军打仗，首先应该确保不被敌人消灭掉是作战的第一要素，否则的话一切都将无从谈起。事实上这一点在牛市氛围中，在泡沫化严重的市场里，显得特别重要。

安全边际不是万能的，但没有安全边际是万万不能的。价值投资大师与一般投资者的区别在于，大师更有耐心，等待安全边际；大师更有勇气，买入安全边际。

第二章
“小白”理财要用心，做个清醒的投资人

第一节　成功理财要用心

“三心二意”的投资心态

何谓投资的“三心二意”？“三心”指的是耐心、信心和恒心，“二意”指的是意图和意志。

1. 投资人要有“耐心”

投资大师彼得·林奇有这样一句名言：“股票投资和减肥一样，决定最终结果的不是头脑而是耐心。”减肥需要一步一步来，违背常规过快瘦身可能会引发各种不良反应，甚至遗留疾病隐患。投资如减肥，急不得，古人曰“欲速则不达”，如果你没有长久坚持的耐心，买几只股票就想成为富翁，那就趁早死了投资这条心吧。沉稳以对，耐心等待行情来临，你会发现时间是投资人最好的朋友。

2. 投资人要有“信心”

信心不是盲从，也不是盲目的乐观，而是相信景气虽有周期和循环，但是市场的长期趋势是向上的。源于对市场的信心，你相信人们仍然会在早上起床时穿上衣服，生产衣服的公司会继续为股东盈利。你相信社会是发展的，老企业终将衰退，朝气蓬勃的新企业将取而代之。当你进入投资领域起，就不要把简单的事情复杂化，你之所以投资，就在于你信心满满。如果你对某一只股票或基金没有信心，那就尽早撤出投资，以免遭受损失。

随着经济结构的调整，中国经济仍将持续增长。“大局观”告诉我们，尽管21世纪以来，中国股市发生过多次剧烈的下跌，每次下跌都有上千条理由让人们相信“世界末日”就要来临，但是持有股票还是比持有债券的收益率高。如果你没有投资信心，那就很难获得更多的收益。做投资就要有信心，就像相信明天太阳一定还会升起。

3. 投资人要有“恒心”

有的人对投资三天打鱼两天晒网，或者有一搭没一搭，这样无益于你的财富增长。投资要持之以恒，不断地进行，定期定额扣款，从低档开始多累积份额，这样才能获得回报。

如果时不时中断投资，不仅无法获得回报，连经验也无法得到多少。投资不是兴之所至的事情，应该定期定额地进行。“定期定额”投资法是长期投资最好和最成功的方法，建议投资人多多采用。

4. 投资人必须“意图明确”

投资绝非漫无目的或是一时兴起，应有明确的目标或步骤，这样才能事半功倍、进退自如。如果你是为了养老而投资，那么你就需要买一些回报率比较稳定、风险较小的投资产品。当然大多数年轻人的想法显然不只是为了养老去投资，多半都是为了赚上一笔不菲的财富，这样的意图需要的是风险性投资。

在投资过程中，意图明确非常重要，最怕摇摆不定，一会儿觉得自己不应该买股票，应该买债券，一会儿又觉得债券收益不行，还是基金好。如果你的投资意图一直这样不清不楚，那么你的投资肯定会失败，因为你根本没有时间去思考你的投资，更无法合理配置资产。

5. 投资人必须“意志坚定”

关于这一点，相信每个人都能理解，事实上不仅投资需要意志坚定，做任何事情都需要。在投资过程中，千万不能因为短线市场波动或是情绪性因素，而破坏自己原先设定好的投资计划。如果你的投资计划已经开展，就一定用坚强的意志力贯彻下去，该追加就追加，该止损就止损，该跑路就赶紧跑路，绝对不能有丝毫的犹豫。你必须坚定地执行投资计划，向理财目标迈进，坚持再坚持，相信财富就在未来不远处等着你。

以上5点，就是投资时要有的“三心二意”。你千万不要小看这5点，在投资过程中，我们要注重资产配置，就必须有“三心二意”。要是没有信心，你怎么能够迈出投资的脚步？要是没有恒心，你怎么能够坚持不懈呢？要是没有耐心，你怎么能够等到收获的那一天呢？如果你的投资意图不明确，你又如何确定自己的投资方向？如果你的意志不够坚定，你又怎么能全心全意地贯彻投资计划，稳定获利呢？因此，投资必须“三心二意”。

对投资保持恒心、平常心

恒心和毅力是投资成功的必要条件，半途而废，浅尝辄止，成为富人的梦想就会离你越来越远。世界首富比尔·盖茨认为，巨大的成功靠的不是力量而是韧性。想要致富，你有坚强的意志和坚持下去的恒心吗？

如今社会的竞争常常是持久力的竞争，有恒心有毅力的人往往能够成为笑到最后、笑得最好的人。对于很多投资者来说养成坚韧的品格是必须的，它可以成为你迈向财富的敲门砖。

安德鲁是石油界的一位知名人物，不仅仅是由于他成功地开采了石油，还由于他对事业的执着追求，以及面对工作逆境时的坚强乐观。

安德鲁是一个年过 60 岁的老人，他自认为他是一个遭受失败最多的人。他是一个热衷于石油的开采者，他说他一生中每挖 4 口井，就有 3 口是枯井，这样的人生经历似乎足够“可悲”。可是他依然从逆境中走了出来，成了一个身价超过 2 亿美元的富翁。

安德鲁回忆说：“当年我被学校开除后，就跑到得克萨斯的油田找了一份工作。随着经验逐渐丰富，我便想自己当一名独立的石油勘探者。那时候，每当我手里有钱了，我就自己租赁设备，进行石油勘探。在连续的两年里，我一共开采了将近 30 口井，但全部是枯井。当时，我真的失望极了。”安德鲁的确陷入了困境，都要接近 40 岁了，他依然一无所获。

但是，他没有被逆境难倒，反而更加勤奋努力。他开始研读各种与石油开采有关的书籍，学习了丰富的理论知识。等理论知识掌握得非常充分的时候，他又开始行动，租好设备，找好地皮，再次进行石油开采。这一次没有遇到枯井，而是遇到了汩汩直冒的石油。

在逆境面前，充满希望、保持恒心，才能有机会取得成功。具有坚韧性格的人在遭受挫折打击时，仍坚信情况将会好转，前途是光明的。其实，在投资的过程中，我们会遇到很多困难，身处逆境的时候，关键是看我们怎样处理。有些人在逆境中永远消极，成为一个永远的失败者；而有些人却能够积极地面对逆境，冲出重围，走向成功。

投资过程也许会经历挫折，以一颗健康的心来迎接投资中遇到的困难和挫折，积极寻求正确的投资思路和方向，就有可能反败为胜，赢得属于自己的财富。投资的时候肯定会遇到困难，在遇到困难的时候，不要退缩，相信自己一定能够渡过难关，这样我们就会渐渐地向富有靠近。

当坚韧不仅仅是一种品性，而成为你的一种重要的习惯时候，你就能够在投资中自由地徜徉，在投资中游刃有余地聚集自己的财富。

而另一方面，利用投资创造财富的力量比我们想象的要巨大得多，同时投资所需花费的时间和精力也远比想象的要多。投资能够缓慢而稳健地致富，若用小钱投资，想在短时间内赚取亿万的财富，任何一位投资大师可能都会斩钉截铁地对你说：“那是完全不可能的事情！”投资需要耐心，耐心也是投资者必备的素养之一。

一位优秀的投资者靠投资股票获得了大笔财富。这位富人这样说过：“现在已经闯开了，股票涨一下子就能进账数百万元，赚钱突然间变得容易，挡都挡不住；回想 30 年前刚进股市的那段日子里，费了千辛万苦才赚 1 万 ~2 万元，真不知道那时候的钱都跑到哪里去了？”

赚大钱需要耐心，但是大钱也是由小钱积累起来的。因此要想赚大钱需要从“小钱”开始。那些不屑于赚取小钱的人，在投资中是不会获得成功的青睐的，因为他们缺乏赚大钱的耐心。“赚小钱”可培养自己踏实做事的态度和正确的金钱观念，这些对日后“做大事，赚大钱”，以及一生的财富增长都有莫大的帮助。

这种经历对许多曾经艰苦奋斗、白手起家的人而言，并不陌生。万事起头难，初期奋斗时钱很难赚，为了区区几万元就得费尽千辛万苦，直到在股市耐心奋斗若干年后，才会发现财源滚滚，挡都挡不住。在投资领域，只要有耐心，钱是跑不掉的，反而是操之过急会让到手的钱财变为泡沫。

杰西·利维摩尔曾说：“我操作正确，却破了产。情况是这样的，我看着前方，看到了一大堆钞票，我自然就开始快速冲了过去，不再考虑那堆钞票的距离。在到达那堆钱之前，我的钱被洗得一干二净，我本该走着去，而不是急于冲刺，我虽然操作正确，但是却操之过急。”他的言语告诫投资者投资时即使你的操作是正确的，也不能操之过急，一定要保持耐心。

除了耐心与恒心之外，投资中我们同样需要一颗面对失败的平常心。对于悲观者来说，逆境与失败可能会给他们造成灾难性的打击，从此一蹶不振，从而放弃了追求成功的信念。而对于那些最后走向了成功的富人，他们把逆境看作积累成功经验的一笔重要财富，并且凭借着这种在逆境中的不屈不挠、坚持不懈的精神，走出困境，绝地反弹，最后获得辉煌的成绩。相信每一个人都希望成为意志坚定、逆流而上的勇士，都不想被困境击垮，去做他人成功路上的一块小小的基石。因此学习富人是如何面对逆境的，对于我们非常有帮助。

在金融市场上流行着这样一句谚语：没有亏过钱的人是永远赚不到钱的。这句话没有错，因为世界上正确的判断都是从绝望中参悟出来的。只有对投资保持恒心、平常心，才能为日后的投资胜利做出准备，不要惧怕失败和挫折，那是不可多得的无形资产。

一定要小心投资场上的陷阱

投资是通往财富之城的必由之路，然而许多人只看到了投资路上闪闪发光的金砖，却忽略了脚下重重密布的陷阱。面对各种各样的投资诱惑，我们往往会因为不谨慎的思考或贪小便宜的行为遇到这样那样的陷阱，一旦你不小心落入其中，资金打了水漂不说，甚至会弄得倾家荡产。为了使投资不落入陷阱,每个投资者都要努力练就一双投资的火眼金睛，绕过风险，安稳地赢得财富。

投资陷阱层出不穷，花样不断翻新，但它们的目标都是对准了渴望飞速投资致富的人。虽然投资陷阱花样多，不过任它怎么乔装改扮，在有眼力的投资者面前，它们不过是新瓶装旧酒，只要识破投资骗人的这些伎俩，就会让你少走一些弯路。

想要识破投资陷阱，其实并不是一件很难的事情，比如它们之间大多有着这样的相似点。

1．无本万利

“一夜暴富”“无本万利”是某些不谙投资本质的人的心中所想、梦中所求。骗子们就迎合人们这种心理，制造各种诱人暴富的所谓“投资”项目，并配以鲜活的案例，从而达到请君入瓮的目的。绝大多数的投资陷阱都有这一特点。

2. 少本高利

零风险高收益，这也是每个人投资的目标，它迎合了很多人迅速发财致富的心理。骗子们正是顺应这部分人的需求，制造出所谓“零风险高收益”的投资项目，宣传它们能用最少的钱赚最多的利，比如炒股软件、林业托管。为了增加这些项目的可信度，他们有时候甚至会在项目中引入第三方“担保”，从而让投资者彻底放心，而担保人表面上是某某担保公司，实际上就是他们自己。

3. 先给部分收益

骗子们利用人们总想赚“快钱”的心理，在非常短的时间里让投资者获得所谓的“收益”，从而消除投资者的疑虑，增强投资者的信心，诱使投资者敢于“倾囊而出”。比如，一些非法集资、黑基金都是如此。

4. 披上政策外衣

骗子们大都为自己的项目披上合法的外衣，从而增加投资者的信任度。比如，托管造林陷阱就极力宣传“托管造林”的模式是响应中央号召，是国家鼓励社会主体参与林业建设和投资的新模式，从而达到欺骗投资者的目的。

5. 虚张声势

骗子们大都会对自己进行过度包装，经常以“大公司”“集团公司”的面目出现，号称注册资本数千万或上亿，业务涉及多种产业，不少人为了骗取投资者信任，甚至还租用高档写字楼，开着高档汽车，以达到骗取投资者信任的目的。

6. 新项目

创新项目意味着投资者没有地方去调查和比较，难以获得充分的信息。海外项目也是一样，普通投资者根本无从查询，骗子们想说什么就是什么。

要想不入投资陷阱，首先要学会以怀疑的态度面对任何投资机会。在面对一个非常诱人的投资项目时，先问自己一个最基本的问题：有这么好的事情，他们为什么自己不干？

难道天上真会掉馅饼吗？

在选择一种投资方式之前，一定要问自己这六个方面的问题。

第一，是什么人卖给我产品？这个人有信誉吗？我们这里说的人是“法人”，就是我们常说的公司、企业。除了政府批准设立的金融机构，如银行、保险公司、基金公司、证券公司、信托公司等，对其他的“法人”都不能轻信。

第二，他拿我的钱干什么去了？有人监督资金使用吗？他靠什么赚钱？我们希望“有公信力”的机构监督资金的使用；拿我钱的人不仅要有赚钱能力，还要有完全合法的赚钱途径，否则我就不可能赚钱。

第三，我买到了什么？我赚什么钱？我赚钱有保证吗？我能否赚钱首先取决于他能否赚钱，其次取决于他能不能分给我钱。

第四，投资收益率合理吗？过高的投资收益率基本上都是不可信的，比如每年 30% 以上。

第五，要问自己，我一旦不想要这个产品了，能卖出去吗？这是要解决投资的流动性问题，一旦没有市场出售，不就赔在自己手里了吗？

第六，还要问自己，如果产品卖不出去，我能留着自己用吗？这是投资的底线，最起码产品还有使用的价值，否则这笔投资就赔到底了。

在做任何一项投资时，都应当问自己这六个问题，如果某一个问题的答案是否定的，就要慎之又慎，如果有两个问题的答案是否定的，就一定不能进行投资。当然，为了正确回答上述问题，要进行一些调查研究，收集一些资料，作为决策的依据。

对于投资者个人而言，唯有提高警惕，多做对比分析，才能远离投资陷阱，毕竟用来投资的钱是自己辛辛苦苦挣来的。

精通投资不可漠视规则

投资规则的要旨在于面对讳莫如深的市场，你如何去管理金钱，成为金钱的主人，它的意义不仅仅表现在用钱赚钱上，更重要的是通过自己的投资行为实现利润的最大化，这才是投资的真谛！而这一切的前提是掌握投资的规则。

具体说来，你需要掌握以下投资规则。

1. 基本的财务知识

很多优秀的人，都懂得利用自己的知识和能力赚钱，但是不懂如何把赚来的钱管好，利用钱来生钱，这主要是因为他们缺乏基本的财务知识。因此，投资的第一步就是掌握基本的财务知识，学会管理金钱、知道货币的时间价值、读懂简单的财务报表、学会投资成本和收益的基本计算方法。只有学会这些基础的财务知识，才能灵活运用资产，分配各种投资额度，使自己的财富增长得更快。

2. 投资知识

除了财务知识以外，我们还要掌握基本的投资之道。现代社会提供了多种投资渠道：银行存款、保险、股票、债券、黄金、外汇、期货、期权、房地产、艺术品等。若要在投资市场有所收获，就必须熟悉各种投资工具。存款的收益虽然低，但是非常安全；股票的收益很高，但是风险较大。各种投资工具都有自己的风险和收益特征。熟悉了基本投资工具以后，还要结合自己的情况，掌握投资的技巧，学习投资的策略，收集和分析投资的信息，只有平常多积累，才能真正学会投资之道。例如，可以参加各种投资学习班、讲座，阅读报纸杂志，通过电视、网络等媒体多方面获取知识。

3. 资产负债管理

要投资，首先要弄清楚自己有多少钱可供投资用，可以列出你个人或者家庭的资产负债表：你的资产有多少？资产是如何分布的？资产的配置是否合理？你借过多少钱？长期还是短期？有没有信用卡？信用是否透支？你打算如何还钱？有没有人借过你的钱，是否还能收回？这些问题你可能从来没有想过，但是，如果你想要具备良好的投资能力，必须从现在开始关注它们。

4. 风险管理

一个人不但要了解自己承受风险的能力，即自己能承受多大的风险，而且还要了解自己的风险态度，即是否愿意承受大的风险，这会随着人的年龄等情况的变化而变化。年轻人可能愿意承担风险，却没有多少财产可以用来冒险，而老年人具备承受风险的财力，却在思想上不愿意冒险。一个人要根据自己的资产负债情况、年龄、家庭负担状况、职业特点等，使自己的风险与收益组合达到最佳，这个最佳组合也是根据实际情况随时调整的。

妙用投资组合，分散投资风险

学投资，就要学习资产配置，既然要讲资产配置，就要了解投资组合，也就是说，投资的过程中不能“单恋一枝花”。如果我们将资产配置的视野放得更宽一些，选择会更加丰富，更加多样，这样我们就可以通过投资组合，满足多方面的需要。

单调的投资方式，并不能给你带来更多的财富，反而会带来更多的风险。这也是为什么我们要讲资产配置的原因之一。

我们知道，要选好投资标的和进场时机，实际上是比较困难的，对于一个二十几岁的年轻投资人来说，要想真正把握这两点，是很不容易的。

因此，了解投资组合与如何做好投资组合，对于年轻的投资者来说就非常重要。

随着经济社会的发展，投资日趋多样化，为我们的投资生活增添了很多机会，作为新时代的年轻人，我们又何必拘泥于某一个投资产品呢？请记住，切忌固执己见地只投资一个品种，随势变动投资对象才能赚大钱。

你应该明白，就算是市场环境相同的时候，由于投资工具的不同，其风险程度也不同，有时甚至截然相反。如果你只做一种投资，把资金全部投入一种投资工具，局面往往是要么大赚，要么大赔，风险很大。打个比方说，如果你的全部资金用于储蓄投资或股票投资，当国家银行利率上调的时候，储蓄存款收益率高，风险很小，但股票市场将会面临股价狂跌的风险，不仅收益率很低，甚至还会成为负数。而当银行利率下调的时候，储蓄投资的利率风险增大，收益降低；但是，此时的股票市场则会因股价大幅上涨，收益率获得空前提高。

很显然，在只做一种投资的情况下，你将面临高风险，但如果你将资金分别投资于储蓄和股票，当利率上升的时候，储蓄获利就会抵消股票投资上的损失；利率下降时，股票投资上的收益又会弥补储蓄上的损失。将资金分别投资于储蓄与股票，形成组合投资模式，使得投资风险降低，收益维持在稳定的水平。这就是投资组合的妙用所在，其目的在于分散风险，稳定收益。许多人盲目地跟着市场、他人去投资，哪只股票涨幅居前，就追买哪只，完全没有考虑资金的安全。对于年轻人，在入市之前，应该好好学一学投资组合课程，为自己的投资规划一下。

当然，讲投资组合，并不是说可以随便买，在你的投资组合当中，一定要有核心投资。比如投资组合为“股票—债券—基金”，专注于股票投资，这样股票投资就是你的核心投资。

另外，在一种投资工具里面，也有组合。比如，股票投资中，有“核心—卫星”的投资策略，又比如，买基金的时候，你可以在主动型、偏股票型、平衡型等不同基金中加以选择，或者选择适合自己的、业绩稳定的优秀基金公司的基金构成组合型的投资。当然，投资产品有很多，不仅有股票、基金和储蓄，还包括保险、黄金、珠宝、古玩、艺术收藏品等，这些都是不错的投资手段。你可以根据自己的喜好和兴趣特长去规划投资组合。总之，不要固执地投资于一个品种，而要通过投资组合，随势变动投资对象。

第二节　适合自己最重要

要看对眼，适合的才是最重要的

什么才是最好的理财方式？每一个理财达人都拥有着自

己独特的理财绝招，很多人都想在自己的繁忙之余掌握好的理财方式，因为学习别人好的理财方式对自己的投资理财有着非常大的帮助，博采众长就一定会在投资理财时有好的收益。看对眼，适合自己的才是最重要的。

因此，没有钱的人就更需要去增加自己的财富。增加财富的工具非常多，这其中包括定存、股票、基金、期货等，有很多的投资人都陷在到底应该要选择哪一种投资工具的迷惑，或者该怎样选择最适当的工具当中。其实“工具无所谓哪个好哪个不好，重点是哪一个最适合你”。有的投资工具需要你去投入足够的时间去观察分析，比如股票和期货。有的投资工具只要你投入一点点的时间就能够掌握精要，比如基金、结构式商品、房地产证券化商品等。所以说，选择一种最适合你的投资组合这才是最重要的，而并不是仅仅只追求报酬率。

有一些人总是认为在低利率时代，把钱用来定存是傻瓜的做法。这是因为定存收益低，不能创造出丰厚的利息收入。即使定存利率低，但是假如你有 2 亿元，那么每个月光是领利息就足够生活了。

还有一些人认为股票难赚，假如会买股票，投资报酬率绝对会比基金好，但是现在上市公司有 4 000 多家，很多投资人根本不知道应该买什么才好，选股的难度大大增加。再加上期货市场与境外投资机构的开放，投资股市的难度已经非常高了。

为什么同样的工具在不同的时代，会让投资人产生不同的心理呢？事实上，问题就在于你是否真正地了解到了你想要追求什么，以及对自己的认识清不清楚。

在如今金融开放自由的资本市场当中，各式各样的结构与标的不同的投资工具，宛如后宫佳丽三千，但是到底挑选哪一个好？投资人总是会陷入思考，挣扎不已。假如投资人只依据投资报酬率的高低来决定投资标的的好坏，那么当然就会觉得买蓝筹股不如买成长动能概念股。

让我们以购买基金为例，大多数的投资人只会一窝蜂地去盲目抢进，广告推销什么他们就抢进什么，金融机构的理财经理介绍他们买什么就买什么，一旦购买的基金绩效不好，他们就会去指责基金经理人或理财经理。殊不知专家挑选股票作为基金的投资标的，是不可能完全保证你一定会赚的！事实上现在搞不清楚自己买的到底是什么的糊涂虫一直都不在少数。

这些盲目的投资人往往根本不了解每档基金因为标的物不同、基金经理的操作策略差异及景气循环等，涨跌的周期也不尽相同。有的基金以价值型选股，有的则就以成长动能股为主，有的以电子股为投资重心。不同的选股策略就可能带来不同的投资收益，同时当股市发生调整的时候，各基金的抗跌能力也都有所不同。

投资理财之股票、基金

股票，对于投资者来说，相信不会很陌生。虽然很多人还没有接触股票，但是对于股票的获利能力会有所耳闻。正所谓：“百万千万一朝富，千万百万一夕贫。”在股票市场上，一分钟的涨跌变化可能让你成为富翁，也可能让你迅速变成穷光蛋。在这样的情况下，很多人对股票抱有两种极端的想法：要么仅看到股票的大利益而忽视风险，要么只看到股票的大风险而不敢尝试去获利。很显然，这两种想法都是不对的。

作为一个明智的投资者，投资股市是必然的，绝不能因为害怕风险而放弃发财的机会，但同时，也绝不能因为利益而忽视风险。股票通常被视为在高通货膨胀期间可优先选择的投资对象。

买股票有两种赚钱方法，一种是投资，这是共赢的模式，另一种是投机，是博弈的模式。前者侧重资产（如上市公司）本身的价值；而后者更关注股价本身，利用股价涨跌不断地买卖。投机并不一定是坏事，实际上适度的投机可以调节市场，让市场更活跃。当然，投机的风险显然要比投资更高，只要人们预期股价还要涨，就会有更多的买主加入狂热的投机大军，股市进入真正的“博弈”时期，最后接手的投机者就成了替死鬼。

建议投资者适度进行股市投机，应该重点做投资。通过低价买入和高价卖出股票，进行长期性的投资，这样不仅可以赚取价差，更重要的是价值投资具有更稳定的增长率。

基金和股票一样是受大众欢迎的投资工具。什么是基金呢？简单地说，基金就是一种帮人买卖股票、债券等的投资品种，因为大家的投资能力有高下之分，有的人赚钱很厉害，有的人却老是亏损，于是老是亏钱的人缴纳一下手续费，便把自己的钱交给能投资赚钱的人去代炒，这样一来不仅省时、省心，还能赚钱。更为重要的是，通过买基金，散户就不再是可怜的散户了，再也不用担心被股市庄家骗来骗去了。因此，与直接投资股票不同，基金是一种间接投资工具，是一种通过利益共享、风险共担的集合证券投资方式。

基金大体分两种。如果私下里运作，就叫作私募基金；如果公开在社会上募集资金、由正规的基金公司来管理的就是公募基金。这里面又分为两种：一种是封闭式基金，募集完钱后规模不变，你可以把它想象成股票，一般可以按照基金净值打折买卖，普通投资者不用怎么考虑投资；另一种就是开放式基金，这是基金中的主流，是需要大家密切关注的。

由于基金是投资者委托专业人士管理，比非专业的个人去投资股票更加稳妥，因此，在投资者的投资组合中，可以考虑基金，以获得更加稳定的收益。

每个投资者在投资之前，都要搞清楚一个问题，投资是为了什么？最简单、最直接的回答就是投资回报率。没错，正因为如此，股票、基金一度成为人们投资的热门首选。但是，高回报率是与高风险并存的。因此，每当股市震荡，买股票、买基金的人便惶惶不可终日。在未来可预期出现通胀的情况下，买股票、买基金已经不是最好的投资选择。这个时候，一个精明的投资人就会在资产配置中，寻求更加有保障的投资工具。

避险组合：债券 + 信托贷款类理财产品 + 黄金

风险永远是投资者首要考虑的问题，绝大多数成功的投资者都是风险厌恶者，说实话，他们基本上不愿意冒大的风险，而是努力采取措施规避风险，稳定自己的收益。为什么那些投资大师们能够在跌势剧烈的情况下赚钱？这绝对不只是眼光的问题，再厉害的人也会看走眼，那么他们的绝招是什么呢？告诉你吧，因为他们采用了避险投资组合。

2008 年 9 月 18 日，中国 A 股上证综合指数在盘中触及 1 800 点的心理关口，当日傍晚，中国政府宣布将现行双边印花税调至单边印花税。随后，香港股市出现恐慌性抛售，恒生指数在一周之内暴跌 3 000 多点。

不过，在这轮恐慌性下跌中，人们发现万绿丛中三处红：债券市场、信贷理财产品和黄金。

首先，我们来看看债券市场的情况：在上证综指触及 1 800 点的心理防线的时候，国债指数和企债指数创出两年来新高。很显然，受全球性金融危机的影响，大部分资金已经从股市和楼市流出，于是，过去两年牛市中备受冷落的品种——债券投资开始被投资者关注。

事实上，每当股市大幅下挫的时候，债市一般都会成为部分资金的避风港。于是，面对危机的到来，资金纷纷逃离股市，转而进入稳健的债市。

举个例子来看，2005 年股市走入熊市，精明的投资者转而将资金投入了债市，结果在大部分股民亏钱的时候，债市投资者的收益率大多超过了 10%。

事实上，债券不仅是避险产品，还是稳健的投资品。2008 年在上证综指下跌 54.4% 的情况下，光大银行一款投资债券的稳健型理财产品却获得了 8.89% 的收益率。

即使是牛市，债券也表现不俗。2006 年，普通债券型基金的平均收益率为 15.07%，2007 年，收益率为 17.53%，均成功战胜了当年的 CPI 指数。

实际上，债券市场同样有诸多机会，熟练的投资者完全可以根据自己的实际情况转战南北，如果股市不旺，大可通过债市得到稳健收益，甚至可以通过波段操作进行套利。

除了债券以外，在经济危机期间，最稳健的投资品种都在银行理财产品中，比如信托贷款类理财产品。在 2008 年，多数信贷类产品主要还是以半年期为主，到了现在，最短的产品期限是 7 天。越来越多的信贷类产品，给投资者们规划避险组合提供了更多的选择，这也让投资者的投资组合更加合理。

而且，到 2009 年 11 月，有很多银行理财产品都实现了预期收益。在收益告捷的产品中，信贷类产品的表现最为抢眼，不仅跑赢了银行存款利率，甚至出现了翻番收益的景象，在南京，不少银行信贷类理财产品，还出现了少有的提前预订的情况。信贷类产品竟然成了“赚钱机器”，这让很多人大跌眼镜！

从投资稳健的角度来看，信贷类理财产品收益高于银行定期存款，并且风险相对较低，确实是股市不景气时相当不错的避险投资品。

再说黄金市场。相对于股票和基金来说，买黄金属于比较保值的投资，俗话说，“乱世买金，盛世买房”，可见黄金的投资保值价值颇高。

2009 年 9 月 18 日，国际黄金现货价格创出 1980 年以来的最大单日涨幅——伦敦黄金暴涨 11.12%，已达到 864.9 美元 / 盎司。随后的 10 月份，国际金价屡创新高、惊喜不断，10 月 5 日国际现货黄金以 1 003 美元 / 盎司开盘。11 月前三个交易日接着创下 1 097 美元 / 盎司的新高。

金市的火爆与股市的低迷两相对比，不难发现其中的规律。由于前期对通胀的担忧，因此刺激了对黄金的通胀保值需求。一旦股市低迷，资本就会大量流入金市，抬高黄金价格。所以，投资黄金也是一种保值避险的选择。

别去抢玩“新玩具”，传统标的也很不错

投资理财工具的外貌也是会进化的，比如说 ETF、REITS、投资型保单、外币理财等新商品不断地问世，投资人难免焦虑：“我连传统的股票、基金都搞不懂了，现在又来一堆新玩意儿，真是伤脑筋啊！”

通常金融单位为了促销他们推出的新的商品，总是会想尽办法，动用资源来推广这些新兴的商品。不可否认它们也存在投资价值，其实有一些工具的投资绩效甚至相当亮眼，但还是建议除非你对投资理财已经多少有一些研究。对于选择标的的营运模式应该有最基本的认识，通常初级的投资人，还是应该多看多听多学习，毕竟这些新兴的商品或许只是样貌更加多元化，它们的投资报酬率与传统的投资工具并不会相差悬殊，既然是这样的话，我们先操作熟悉的就好了，根本不必羡慕别人拥有的新玩意儿。

如今的生活中还是会有很多人认为理财只是那些富人、高收入家庭的专利，要先有足够的钱，才有资格谈投资理财。更多人认为影响未来财富的关键因素，是怎样选择适合自己的理财工具，而不是资金的多寡。这么多的“新玩具”究竟哪种理财工具才是最适合你的呢?

不妨先来看看传统标的，其实也很不错的。

开放式基金

开放式基金被大多数投资者认为是最新潮的投资方式。它具有专家理财、组合投资、风险分散、回报优厚、套现便利的特点，同时还有一些专业的投资团队进行分析操作，其实根本不需要投资者投入太多的精力。因为现在的基金市场，没有给投资者带来太多的惊喜。不过在存款利率低、股市风险大的情况之下,基金仍然成为众多投资者一往情深的对象。值得我们注意的就是基金的风险对冲机制还尚未建立，存在个别基金公司重投机轻投资，缺乏基本的诚信。而在投资基金前，一定要弄清楚基金的类型，此外还应该比较基金管理公司、基金经理的管理水平和不同基金的历史业绩。事实上从长远来看，开放式的基金也不失为是一个中长期投资的好渠道。

国债

有很多投资者认为最重要的投资方式就是购买国债。在我们还很小的时候就会经常听到大人们在谈论国债。国债是国家财政部门代表政府发行的国家公债，由国家财政信誉作担保，历来一直都有“金边债券”之称。许多稳健型的投资者，特别是中老年投资者对它情有独钟。因为国债的收益风险比股票小、信誉高、利息较高、收益稳健；但其实相对于其他产品来说，投资的收益率仍然很低，特别是长期固定利率国债投资期限较长，因而抗通货膨胀的能力差。

储蓄

储蓄是大多数投资者认为是最保险、最稳健的投资工具了。它方便、灵活，而且安全。

主要就是通过本息的累积，从而来实现财富的增加。但储蓄却有两大最为突出的缺点：一是收益较之其他的投资偏低，浪费了资金的使用价值；二是在资金积淀的较长过程当中，很有可能被住房、子女教育，以及其他的消费支出所取代，从而影响了积累计划；但是储蓄对侧重于安稳的家庭而言，保值的目的是能够基本实现的，这仍旧是一种保本零风险的投资手段。一方面可以为自己累积资本，而另一方面在遇上突发事件的时候也可以取出来应急。

房地产

很多投资者认为房地产才是最为实惠的投资方式。尽管现在的房价涨得惊人，有很多人包括经济学家都在说其中有泡沫，可是也有很多人说现在才是投资的好时机。房地产投资也已经逐渐成为规避通货膨胀，利用房产的时间价值和使用价值而获利的投资工具。房地产的投资已经逐渐成为一种低风险、有一定升值潜力的理财方式。其缺点就是流动性极差，适合那些有相当多资金可以做中长期投资的人。但同时也需要面临投资风险、政策风险和经营风险。

股票

股票的高风险高收益是广大的投资者所公认的。股市风险的这种不可预测性一直存在，高收益对应的则是高风险，需面对投资失败风险、政策风险、信息不对称风险，而且对投资股票的心理因素和逻辑思维判断能力的要求都会比较高。所以最好不要进行单一股票的投资，小的资产组合应该有十余种不同行业的股票为宜，这样你的资产组合才会具有调整的弹性。

炒汇

很多投资者都认为炒汇是辅助性的投资方式。它能够避免单一货币的贬值和规避汇率波动的贬值风险，然后从交易中获利。其实有不少炒外汇的投资者觉得炒外汇风险比股市小，但是收益也比股市低；其实炒汇要求投资者能够洞悉国际金融形势，其所消耗的时间和精力都超过了普通人可以承受的范围。如今在国内市场人民币尚未实现自由兑换，一般人还暂时无法将炒汇当作一种风险对冲工具或风险投资工具来运用。

人民币理财

人民币理财被人们认为是非常不错的投资方式。构成强大吸引力的原因就是“诱人”的预期收益率、较短的期限。近几年各大银行都推出了不少的人民币理财产品，比起以往增加了风险提示，甚至还模糊了预期收益率，用了一种更为理性的理财建议指导着投资者看待这一产品。但即使这样，人民币理财仍是一种不错的投资选择。

“知己知彼”才能投资致富

“知己知彼，百战不殆”，这是一种军事谋略，也是投资真经。每个人都有和别人不一样的地方，自己适合做哪方面的投资，哪些方面的投资值得去做，这些都是需要投资人考虑到的。要想通过投资致富，就应该首先学会认清自己的才能，认清投资的对象及当前投资的形势，并将它发挥到最大的功效。

了解自己的性格特点，以及分析自己最擅长的领域，这就是“知己”，接下来要做的就是“知彼”。想在投资中取胜，投资者必须了解、研究投资工具，选择最适合你的一种投资方式并且熟练地运用它为你赚钱。

投资的工具有很多种，包括定存、基金、股票、期货等，投资工具无所谓哪个好哪个不好，重点是哪一个最适合你。

那么，应该如何做到“知己、知彼”，选择适合自己的投资方式呢？

1. 从时间的角度

选择什么样的投资方式，首先需要你对自己的情况做一次客观地评估。比如，你的空闲时间有多少、资金有多少、风险承受能力有多大，等等。有的投资工具需要投入大量的时间去观察分析，比如股票、期货，如果你的空闲时间比较多，可以选择这些类型的投资工具；而有些投资工具只需要投入少量的时间就能掌握其要领，比如基金、房地产、债券等。如果你空闲的时间比较少，那么这类的投资工具相对来说更加适合你。

2. 从投资工具的风险角度

每个人的风险偏好不同，投资工具的风险也不同。有的投资工具风险小，虽然回报率比较低，但是相对安全，比如债券。如果你的风险承受能力相对较低，则这类投资工具比较适合你。

3. 如何明确自己的目标

如果你追求更高的回报，你就可以选择股票、股票型基金及期货等工具。

选择一种最适合自己的投资工具不仅能给自己带来丰厚的收益，同时也会带来投资成功的快乐。

张先生大学毕业已有几年时间，如今在一家事业单位上班，每个月收入比较稳定，大约有 3 000 多元，此外还有近 5 万元的存款。然而，手上虽然有一些存款，却不知道该如何去经营。张先生所采用的投资方法非常简单，他一直把钱放在银行里存定期。工作了 3 年多，他发现自己的财富增长非常缓慢，于是张先生便有了利用其他方式投资理财的念头。

他希望通过投资，能够让自己的财富更快地增长。

但是，对于张先生来说，他并没有研究过各种投资方式。在刚开始的时候，张先生选择了股票投资，因为他听说股票赚钱快。可是没多久以后，他就发现了重要的问题——股票需要经常关注股市行情，但他根本没有时间，即便他可以通过手机上网随时查看股市行情并买卖股票，但是，他根本没有精力去打理。经过一段时间的股票投资，虽然他从股市中赚了一点儿小钱，但是与他所耽误的时间相比，这点小钱几乎可以忽略不计。在权衡之下，张先生决定放弃炒股。

放弃了股票投资后，张先生并没有就此放弃投资，他从股票市场转向了基金市场。他做了一些功课后，把手上的基金投资分几部分，30% 的股票型基金，40% 的债券型基金，另外，他还买了几份保险。

对于张先生这个平时工作比较忙的人来说，自从转向投资基金之后，他就不再为耽误工作而烦恼了。总体而言，他投资的基金产品每年的回报率都比较稳定，这让张先生在赚钱的同时也很有安全感。

每个投资工具都有其利弊，如今市场上存在着各式各样的投资工具，每一种都有可能为投资者带来收益，但是每一种也都存在着风险，关键是在于选择最适合你的一款投资工具。投资市场上最忌从众心理，见到别人投资赚钱了，便也跟着买进、卖出，这样偶尔可能会赚些小钱，但这样费时费力不说，动作稍微慢点，就可能被套或者割肉赔钱。因此投资者一定要有自己的主见，避免盲目从众。

有的人喜欢买国债，认为买国债保险，收益也较高；有的人喜欢做房地产，认为房地产市场套数多、空间大、有意思；还有的人喜欢收藏钱币、古董……投资者在选择时，应结合自己的专长，在各个时段认真分析投资工具的利弊。

可见，投资者首先必须认识自己、了解自己，然后认真分析各种投资工具的利弊，再决定投资什么、如何投资。只有从实际出发，脚踏实地，真正做到知己知彼，才能在投资中得到较好的回报。

寻找适合自己的投资领域

有人说，股票投资最赚钱，也有人说，外汇市场获利最容易。事实上，投资产品种类丰富，且从来没有哪一种是最好的。这是因为，在投资场上，适合自己的永远是最好的。

优秀的投资者擅长根据自己的特点在市场上寻找属于自己的“地盘”，根据自己的兴趣、所长、资金能力等，合理确定自己的投资领域，从而在投资中实现最大效益的财富收益。就像没有人可以一手遮天一样，也没有人可以独霸所有投资领域，投资者要做的不是随波逐流，而是找到适合自己投资的“地盘”。

有一个名叫拉里的投资者，他在 20 岁的时候身无分文地来到纽约，在华尔街找了一份工作。两年之后，他的投资利润已经达到了 5 万美元。又过了两年，他辞去了他的正式工作，开始全心做投资。他基本上就是自己做风险资本基金，甚至连个秘书都没有。在拉里快 30 岁的时候，他已有数百万的财产。拉里擅长在有前途的生物科技创业企业中取得与创办人相当的股权地位。

不仅投资领域如此，约翰 · 麦肯罗、迈克尔 · 乔丹、贝比 · 鲁思和泰格 · 伍兹，每个人都能在自己擅长的领域成为王者。他们都选择了一个自己最擅长的领域，从而使自身的潜能得到了最大的发挥。设想一下，假如麦肯罗在篮球场上，而贝比 · 鲁思身处温布尔登网球赛中，那么他们可能会像离开水的鱼一样狼狈。而有些人更是在仔细地选择，进行了领域的调整之后才获得了人生中的巨大成功。

刘翔原来是国家跳高队的一名成员，后来改行跨栏，成为雅典奥运会上一炮成名的体坛英雄；章子怡原本是学舞蹈的，后来发现自己虽然努力但由于天赋不足，在舞蹈界难以出头，便毅然改行去表演学院，从此才华得以展现，并在以后的人生道路上把握住了机遇，成功地打入世界影坛，成为今日的国际巨星……这样的例子数不胜数，由此可见，不管是在哪行哪业，选择适合自己发展的领地对于成功与否是非常重要的，纵观历史和国内外商业界，每一个成功的投资者都有属于他自己的领地。

即使是巴菲特这样的投资“巨鳄”，也只占据了一小片领地，这样说起来可能有些奇怪。然而，在全世界所有上市企业组成的数十万亿美元的“池塘”中，就算是巴菲特的净资产达 719 亿美元的伯克希尔·哈撒韦公司也只是一条中等大小的鱼。不同种类的鲸鱼都生活在自己的特殊环境中，很少彼此越界。类似的，巴菲特也在投资世界中占据了自己的生态领地。而且，就像是鲸鱼的生态领地与它能吃的食物有关一样，投资者的市场领地也是由他懂什么类型的投资决定的。每一个投资者都应依据自己的实际情况，审查自己了解什么类型的市场，从而找准自己的投资领地。

没有无所不能的投资者，成功的投资者大都把注意力集中在一小部分投资对象中，他们日积月累，不断耕耘自己的“一亩三分地”。这样收获财富的过程不是偶然。成功的投资者，根据自己的投资特长，比如自己懂什么类型的投资，从而划定了他的能力范围，只要不超出这个范围，他就拥有了一种能让他的表现超出市场总体表现的竞争优势。

优秀的投资者，根据积累的经验做出对某投资领域科学的预期和判断，这样就使得他们在该行业的竞争具有了其他竞争者不具备的优势。经验对于投资者来说，是一笔非常重要的财富。

任何人都不可能在所有的投资领域都能如鱼得水，成功的投资者之所以成功，是因为他知道自己的不足之处，而他知道自己的不足之处是因为他划定了自己的能力范围。如果是在熟悉的投资领域里，投资者可以轻松地获利；但如果是面对一个陌生的行业，他们的优势便得不到发挥，就会为投资增添巨大的风险。

谨防理财路上的三大错误

误区一：钱只花在当下

米娜是一个单身小资，有一份很稳定的工作，薪金每月大约 4 000 元。由于工资相对来说较丰厚，她觉得生活也应该小资一些。所以包包、套装、靴子、饰品买了一大堆，把自己从里到外都包装一番。没事就和朋友在品牌店五天一小聚，半月一大聚。时尚杂志不少买，潮流没少跟。但是，每到月底，她的钱基本上花光，剩不了多少。她说：“没必要攒钱，有挣有花，能挣能花。再说，能花的人才有动力挣更多嘛。只要现在天天快乐有钱花，还想那么多干什么？”同事问她：“那万一你有什么事着急用钱该怎么办？”她回答得很轻松：“借呗，跟家里借，或者跟朋友借，以后再还不就行了？再说哪来那么多万一都被我摊上啊！”

这种想法有些不负责任，作为一个成年人，不能正确地支配自己的收支，却向父母、朋友借钱，实在不应该。在生活中，这样的年轻人并不少。因为种种原因，在月底没能留下一点积蓄，甚至不到月底钱就没有了，要靠信用卡借贷或者向亲友借钱过日子。

仅图当下的幸福感，却不考虑以后的消费开支，极可能让你在遇到急用钱时束手无策。所以在痛快花钱的时候，也想想没钱时的举步维艰吧。俗话说：“一分钱难倒英雄汉。”只顾眼前不想长远，早晚要付出代价的。

误区二：求富心切，过度投机冒险

杜成是一家公司的营销经理，平时手头有点闲钱，总想着要快点致富，所以就把钱全部都压在了股市上。他说：“年轻人么，就好刺激、好风险，趁着年轻，挣大钱。还有什么比投资股市更能让人快速致富的呢？只要我这边钱一投，过几天就翻番，用不了几年，我就可以成为百万富翁了！”有这种追求财富的想法本无可厚非，朋友们也都羡慕他越挣越多，可是，杜成正高兴着，股市却开始下跌了！他的钱都赔了！一时的“暴富”美梦成了泡影。

财富是很多人追求的目标，而投资股票通常是获得财富最快的方式。但是，不能孤注一掷。急切实现财富梦想的心情可以理解，但要注意风险，过度地投资股票就等于在自己财产上叠加上了无数的风险。这些财产随时可能因为大盘的变动而付之东流。

案例中的杜成，代表了相当一部分年轻人。他们不把风险放在眼里，急于致富，认为人有多大胆，“财”有多大产。只要肯干肯拼，就算亏了也可以重头来过。

不过，他们没有想过，一旦投资失败，全部的积蓄都搭上了，以后的日子怎么过？更有甚者，为了能短期套利，居然借钱炒股，一旦失败，就得背上一笔不小的债务！到时候，不用说存钱，光是还钱就会压得他喘不过气来。

误区三：盲目从众，投资跟风

晓雯是一个刚踏入职场的白领。由于自己勤奋肯干，每个月的工资都能略有盈余，她打算把钱好好地打理一下。于是她咨询了几个同事，发现大家都在学习理财，而且给她提供了很多建议，比如让她把工资的 1/3 存银行，1/3 买股票，再留 1/3 买基金。这样钱也就分配得差不多了。可是，要买什么股票？买什么基金？她是一点儿也不懂。后来，她做了一个小调查，统计出公司同事都买了哪些股票、哪些基金，然后挑人数比较多的那种投了下去。她想，反正大家都买了，我跟着走，肯定没错。

后来，在闲谈中，她把自己的计划告诉了自己多年的好朋友敏然。敏然思考了一下，认为她的投资方式并不适合她。因为大家选择的股票和基金并不一定就是能挣钱的，晓雯没有经过仔细分析就盲目跟从，这样是很危险的。另外，晓雯的身体从小就不是很好，虽然现在看起来很健康，可是仍然有些虚弱。公司并没有给她上三险，她应该留些钱买个重大疾病保险之类的。晓雯却认为，大家都这样理财投资，怕什么，再说现在身体不还好好的吗？

后来晓雯股票赔了，基金基本没什么收益，晓雯看大家都赔了，也没什么好难过的，就把事情放在脑后了。谁知道两年后，晓雯得了一场大病，医疗费用都得自己承担，银行里那点儿积蓄根本不够用。再回想当初，她真是后悔不已。

晓雯不是没有理财的意识，她有理财的想法和实践，可是错就错在想和大家保持一致，以大家的标准作为自己的标准。

正确的理财计划是能够从自身情况出发，“量身定做”自己的理财方案。再说，投资股票基金，本就需要学习一些金融知识。自己去实践才能成功，跟着别人走，十有八九是走不通的。

第三节　投资自己，升值并不遥远

注意提升自己

统计表明，离开学校 5 年后，一个人学习的书本内容就已经过时了，即从离开校门的那一天起，他的学历价值就已经开始贬值。

最近很多人应该在为理财的事情发愁，由于通货膨胀和负利率，人们不得不开始自学一些投资理财的知识。一时间，股市基金之类的话题变得火热，房地产作为一种投资品也是越涨越疯狂。那么在这个时代，我们投资什么才是收益最高、最值得投资的呢？

我们最应该投资的东西，是人。21 世纪什么最贵？人才！投资一个值得投资的人，你的收益率不是每年百分之几，而是成倍地往上翻。当然，投资合适的人要的是眼光和资格。一般来说，中国人最多的还是往自己的子女身上投资。可惜的是，这样的投资，打水漂的比较多，就算成功，收益率一般也不怎样，而且周期太长风险太大。

其实，最合适，最有把握，收益率最高的是投资自己。

你投资股票也好，投资其他人也好，哪怕是自己的子女也是有很大风险的。但是投资自己就不会有这些问题，这世界上最不可能背叛你的就是你自己了，而且你唯一可能完全控制的也只有自己。

与其说投资自己是要从自己身上获得什么，倒不如说是要从自己的身上去掉什么。你要想使自己升值，要想彻底地管住自己，要想让自己变得完美，那么你要做的不是去参加培训班或者学习班，而是要去掉自己的缺点。

为学日益，为道日损。学习是必要的，但是打磨自己更加重要。罗丹曾经说过，雕塑就是去掉多余的部分。《诗经》上面也说：有匪君子，如切如磋，如琢如磨。我们总是试图获得更多的东西，却忘了有时放弃更加重要。你要想投资自己，使自己升值，那么你要做的不仅是读几本书、参加几次培训班、考几个职业证书这么简单，更重要的是你要把自己当作一件美玉来雕琢，去掉那些明显的个人缺点，去掉人性共有的弱点，去掉那些心理的污点。如果你能够做到这些，那么你会发现你所获得的东西比简单的培训、学习、考证书要珍贵几百倍。

那么，怎么投资自己，从哪些方面入手呢？

1. 不要放弃学生时代所学

大概很多人会说：“大学里学的东西，对现在的工作一点帮助都没有。”如果因此就将从前所学抛诸脑后，是很可惜的。

2. 柔性思考，多角度阅读

现今职务有细分化的趋势，在高度专业化之下，大家都竭尽所能地加强专业知识，结果造成不少人除了自己的专业之外，对其他的事都不了解。

3. 每个星期给自己一个新的挑战

心理学家表示，换穿新款式的服装或改变房屋摆设，可以给人新的刺激，具有自我启发的功效。长期处于相同的环境下，年轻人也会加速僵化衰老。所以，每个星期给自己一个新的冒险吧！买本新书，或到从来没去过的地方逛逛，给自己新鲜的刺激与活力。

4. 实际接触热门商品，思考其畅销的理由

现代社会的变动速度惊人，若不跟上潮流，只能面临被淘汰的命运。对于畅销的产品，并不一定要购买，但应该要去思考其为什么会畅销。

5. 放假时到热闹的地方去感受时代的脉动

据统计，居上班族休闲娱乐首位的就是看电视，占五成以上，剩下三成的人则是选择睡觉。当然，在辛苦工作一周后，适当的休息是必要的，但休闲生活的品质也应该兼顾。趁休假时到百货逛逛、听听音乐会等，能够看到许多平常没有机会看到的各形各色人物，说不定还会启发新的构想。

6. 利用上班路上的时间做定点观察

对于广大的公交车族、地铁族来说，合理运用上班路上的时间也是一大学问。大部分的人可能都是发呆或打盹儿，要不然就是默默忍受拥挤之苦，到公司时已经精疲力竭。其实，花一点儿心思，也能在上班的途中获得不少意外的收获。

7. 在星期天阅读一周的报纸

报纸中有相当多实时性的消息，是吸收情报的重要渠道。但每天一部分一部分地阅读，只是“点”的层面，利用星期天翻阅当周的报纸，对一个议题可以连接起“线”的层面，了解整个事情的来龙去脉。

8. 看报道不要只看财经新闻

对于上班族而言，财经新闻当然是重点必读，但如果只阅读单一报纸，视野难免会过于狭隘，因此多翻阅几份，对磨炼自己的新闻敏锐度绝对有帮助。而其他的版面，如体育版、文艺版也应该浏览一番，往往会有意想不到的收获。

9. 每周阅读一本书

要培养良好的阅读习惯，以帮助你在知识爆炸的年代，提高信息取舍的能力，在滚滚情报洪流中获得最有利的信息。

10. 多和不同领域的人接触

大体而言，我们和有相同话题的朋友比较处得来。但事实上，多接触不同领域的人，听听各行各业的工作概况和甘苦，能给予头脑新鲜的刺激，活化思考，是培养情报收集能力的绝佳机会，这对刚开始工作的新人，在增长见闻、开阔视野上是相当重要的。

11. 至少学习一种外文

有不少上班族从学校毕业之后就和语言学习绝缘，尤其是在非国际性的公司工作，常常会疏于外文上的进修。就未来的趋势而言，有潜力的企业一定会朝向国际化发展，不趁年轻储备实力，等三四十岁成为公司的中坚分子时才来学习，不但费力，也失去了竞争力。

12. 每周给自己一段私人时间

上班认真值得嘉奖，不过一味埋首于工作可是会出现危机的。每天反复于相同的工作中，是否有想到要为这些日子的工作绩效、人际相处、家庭关系等问题做检讨与规划呢？习惯忙碌可能会让你变得盲目，每周给自己一段独处的时间，让心灵沉淀。

13. 不要吝惜自我投资

市面上有所谓“在 30 岁前致富”的书籍，或“25 岁之前成为百万富翁”的报道，让一般年轻上班族也开始流行以金钱的累积作为工作的目标，对于进修或旅游增长见闻的投资就相对减少。年轻时代需要储存的应该是智能、知识资产，“无形财产”的累积才能创造人生最大的财富。

学会抓住有用的信息

自从互联网出现后，估计每天产生的信息量比历史上的总和都要高，因此有人说，当代社会是一个信息爆炸的社会。不过信息爆炸并不意味着知识爆炸，因为从信息和知识的含义看，两者并不是一回事。信息是形成知识的原始素材，知识是信息发展的高级形式，是人们理解了数据和信息的意思后，以高度活用的形式编排记忆的系统信息；信息是由“什么”“何时”“何地”“谁”等要素构成，知识是以“怎么办”“为什么”的形式来表述的，因此信息爆炸未必就是知识爆炸。

我们的确开始进入一个“信息爆炸”的社会，但未必是一个“知识爆炸”的社会，因为很多信息都是垃圾信息，充斥着你的眼球，却不会给你带来任何知识。你必须选出对你有价值的信息，这些有益的、有价值的信息才有可能转化为知识。“知识爆炸”的说法，只适合用来描述当今大量出现的科技知识的现象，而无法对大众媒介供应信息的总量中知识性信息只占十分微小的比例、社科知识严重缺乏和个人拥有知识日益减少的现象做出合理解释。因此，这可以说是一个“信息虽发达，知识却贫乏”的时代。

对此，我们可以从以下角度去思考。

1. 明确自己的专业方向

明确“我要什么”。人的精力是有限的，不可能什么都涉猎。也许人一辈子要学习很多东西，但在一段时间内只能专注一两件，否则永远不可能精通一门学问。例如，如果你做销售，你觉得自己最欠缺的是什么，是讲话的技巧还是对本公司产品的了解。明确需求后，就能够有的放矢。其实“我要什么”应该成为一个知识工作者经常问自己的问题。可以制定一个努力的目标，比如 25 岁时需要把技术搞通，35 岁时能够开一家自己的公司，55 岁时退休学习弹钢琴，等等。

知道“我要什么”后，你就可以去选择，重点接受你最需要的，次要的可以接受。

2. 先看完经典的东西

每个行业都有经典的专业书籍、人物等，先下功夫对这些经典进行一番研究。

3. 他人的评估

找到你的社群，他们跟你有共同的专业，跟他们交朋友，获取他们的评估，从而更好地发展自己。

4. 利用互联网

被引用多的内容。

社会性书签，盯住你领域内比较有价值的人的收藏，订阅他们的。

博客，许多人的博客中都会涉及信息的评估。

5. 你个人的评估

你的方向确定后将过滤掉大部分无关内容。

经典内容让你有了一定专业基础。

一群朋友可以给你评估的启示。

互联网方便你找到有价值的信息，同时要敢于、勇于舍弃。

法律意识不可或缺

在我们的经济社会中，各行各业都有相应的法律法规约束、规范本行业的经济秩序，而且这种法律法规的制度正在走向完善。连游戏都有规则，何况经济活动，它关系到整个社会的生存和发展，所以绝不可儿戏待之。

在这个法律意识渐强的时代里，不管是日常生活还是投资都要养成用法律维护自己权益的习惯。在法律的允许范围之内，进行合法的商品交易，同时也为自己的投资事业上了一个保险。

下面以签订保险合同为例，谈谈我们要注意的问题。

现在越来越多的人投资保险，在保证人身、财产安全的同时，还可以增加自己的财富。但是很多人由于不了解保险合同的具体原则，就签订了保险合同，结果事与愿违。没有达到自己投保的目的。在此，专家建议，在签订保险法律合同的时候一定要慎重。

了解一些基本的保险法则及与合同有关的法律事宜，对于签订能够全面维护个人权益的保险合同是非常必要的。

1. 保险法律原则之一——损失补偿

损失补偿原则是保险的最基本原则。它包括三方面的含义。

（1）补偿以损失为条件，标的物具有可保利益是获取补偿的前提。

（2）损失必须是保险责任范围内的损失，对除外风险所引起的损失保险公司不承担赔偿责任。保险赔偿额以保险金额为最高限度。

（3）保险赔偿款仅限于由保险事故所引起的直接损失的实际金额。

保险公司在向被保险人支付赔款后，就取得了被保险人对标的的合法权益或对第三者侵权行为的赔偿请求权，也就是代位追偿权。被保险人有义务协助保险公司行使代位追偿权。如果被保险人豁免了第三方的赔偿责任，就等于自动放弃了向保险人索赔的权利，即使被保险人已得到保险赔偿，保险公司也有权予以追回。保险公司取得的追偿权不能超过其支付的赔偿额，超过的部分仍应归被保险人所有。

2. 保险法律原则之二——最大诚信

保险合同属于诚信合同，它特别强调双方当事人的诚信。

这是因为，在保险实务中，保险公司决定是否承保及其承保的条件，主要依据投保人所作的说明。如果说明不真实或有遗漏，会影响到赔偿金额的多少，而且，也可能给某些企图骗取保险赔款的不法之徒以可乘之机。因此，法律规定，保险合同必须建立在双方诚信的基础上，否则，合同将没有法律效力。为确保这一原则的实现，保险合同上有保证、告知等规定。保证和告知是保险合同生效的重要条件。

3. 保险法律原则之三——近因原则

近因，是指引起损失的直接有效的原因。近因原则，是指保险实务中指导解决较复杂的风险因素引起的风险损失赔偿的原则。判断一起复杂的风险事故造成的损失是否应由保险公司赔偿，赔多少，取决于造成的损失是否为保险公司承保范围内的风险事故所引起的。

如果损失是由并存的多种风险事故所引起的，只要其中不掺杂除外风险，保险公司就应承担责任。若其中掺杂一个或多个除外风险因素，则保险公司仅负部分损失的赔偿责任。若损失难以分别估计，保险公司可以不负赔偿责任。

向投资大师学习投资诀窍

慌乱的人们左手拿着一个电话，右肩和脸颊夹住另一个电话，右手则用铅笔在白纸上写写画画，眼前的行情机闪烁着绿色荧光，旁边不断传来“做多”“做空”和证券代码及骂人的声音……这些场景是不少电影电视中的投资行的场景。

与这样的场景不同，投资大师巴菲特的生活与工作则显得悠闲得多，他甚至有大把的时间可以自由支配。他可以从容地为自己做早餐，或者躺在地板上与朋友煲电话粥。然而正是这样一个气定神闲的投资者，却是世界上最伟大的投资家之一。

正是这位慈眉善目的巴菲特，从奥马哈白手起家，仅仅用了40余年时间便在华尔街创造出430亿美元，这种财富奇迹是怎样被创造出来的呢？其实只要掌握了投资诀窍，投资就是一件很简单的事情。下面主要来谈谈投资诀窍。

巴菲特曾说，两个原则最重要：“第一，把股票投资当作生意的一部分；第二，确立安全边界。”巴菲特表示，确立一只股票的安全边界尤为重要，这是保证成功投资的不二法门。“一只股票有其实际的价值中枢，当市场价格已经超过这只股票的实际价值很多的时候，就到了该卖出的时候了。你在‘抄底’时也不要指望在已经跌了95%或者90%的时候能够买入，这是很难的。”

巴菲特幽默地说，老朋友伯克希尔·哈撒韦投资公司的副总裁查理·芒格是使他投资能够保持常年不败的“秘密武器”。“查理总是教会我不要去买那些在统计上看起来很便宜的股票，查理在很多问题上都是很精明的。”巴菲特说。巴菲特发表一年一度的《致股东的一封信》，其中重申了让自己成功的投资“秘诀”。

（1）保持流动性充足。他写道，我们决不会对陌生人的好意产生依赖，我们对自己事务的安排，一定会让我们极有可能面临的任何现金要求在我们的流动性面前显得微不足道；另外，这种流动性还将被我们所投的多家、多样化的公司所产生的利润流不断刷新。

（2）大家都抛时我买进。巴菲特写道，在过去两年的混乱中，我们把大量资金用起来；这段时间对于投资者来说是极佳时期，因为恐慌气氛是他们的最好朋友……重大机遇难得一见，当天上掉金时，要拿一个大桶而不是顶针去接。

（3）大家都买时我不买。巴菲特写道，那些只在评论家都很乐观时才投资的人，最后都是用极高的代价去买一种没有意义的安慰。从他这句话推导，显然是要有耐心。如果人人都在买进时你做到了按兵不动，那么只有在人人都抛售时你才能买进。

（4）价值，价值，价值。巴菲特写道，投资中最重要的是你为什么给一家公司投钱——通过在股市中购买它的一小部分，判断这家公司在未来一二十年会挣多少。

（5）别被高增长故事愚弄。巴菲特提醒投资者说，他和伯克希尔·哈撒韦公司副董事长芒格不投那些“我们不能评估其未来的公司”，不管它们的产品可能让人多么兴奋。多数在 1910 年押赌汽车业、1930 年赌飞机或在 1950 年下注于电视机生产商的投资者，到头来输得一无所有，尽管这些产品确实改变了世界。“急剧增长”并不一定带来高利润率和高额资本回报。

（6）理解你所持有的东西。巴菲特写道，根据媒体或分析师评论进行买卖的投资者不适用于我们。

（7）防守好于进攻。巴菲特写道，虽然我们在某些市场上扬的年头里落后于标普指数，但在标普指数下跌的 11

个年头里，我们的表现一直好过这一指数；换句话说，我们的防守一直好于进攻，这种情况可能会继续下去。

在动荡年代，巴菲特的这些建议都是符合时宜的。

理财规划一定要科学合理

2014 年，郑女士的家庭年收入 16 万元，有房产，但是也有 16 万元左右的按揭，有社会保险，夫妻俩均过而立之年，但没有小孩，近期计划生育，同时还想买二套房和汽车。郑女士这样的情况，该如何做理财规划呢?

从郑女士的家庭财务状况分析，郑女士夫妇家庭年收入为 16 万元，应该说此收入属中上水平，在生育之前就已经拥有房产，并且按揭贷款不多，具备有一定的经济实力。但是，郑女士家庭同时面临三个财务需求：生孩子、买房和买汽车。显然，郑女士家庭的财务还未做好应有的准备，存在的问题主要包括：第一，缺少一定的家庭存款，无法应付突发性的家庭支出；第二，家庭资产单一，仅有一处房产，无投资性资产以获取更高收益；第三，家庭保障需增加，以维持家庭财务的安全性。

针对郑女士的家庭财务实际情况，可以给出如下的理财建议。

第一，准备一定的应急资金和生育资金。每个家庭至少需要准备 3~6 个月的备用金，从其年龄和收入状况来说，留存 15 000 元左右的资金应该是必需的。按郑女士现在的年龄，首先应该考虑的是要孩子，其生育资金需准备 20 000 元左右。35 000 元的资金可以一次性投资股票基金，近期的股票基金的收益率较高，而且其收益正处在上升通道中。

第二，可用基金投资来准备育儿、购房、购车的资金，在分散风险的基础上提高投资收益。

（1）郑女士未告知其家庭按揭的具体年限，如果按 10 年期、20 年期来估算，每月的还款额分别不到 1 800 元、1 200 元。

（2）如果需要再次购房，按 100 平方米的房子来估算，差不多需 100 万的资金，物业维修基金加税大致在 20 000 元，按最少 30% 首付，还需按揭 70 万元，最长的贷款期限为 30 年，每月的还款额为 4 500 元。

（3）如果要买汽车，即便按 10 万元的车子计算，10% 的税费也需准备 10 000 元左右，首付最少 30 000 元，另贷款 70 000 元，最长 5 年期限，每月需还款 1 300 多元（汽车贷款一般执行基准利率），且购车后每年的保险费在 4 000 元左右，每月的纯支出至少也在 1 000 元左右。

（4）郑女士生育后，家庭的支出每月将至少增加 1000 元。

综上情况，如果郑女士需全部实现三个目标，首付金额将在 364 000 元，每月还款将在 8 100 元，占其收入比例的 60.9%，超过了警戒线，在财务不足的情况下，建议此目标暂缓，先实现生孩子和购车两个目标。育儿资金可采用基金定投的方式来投资。基金定投是一种较低风险中等收益的投资工具，按家庭实际情况，每月可定投 3 000 元左右，按现在情况来看，定投每年可取得 10% 左右的收益率，一般而言，其增长率还是能够覆盖房价的上涨幅度的，做定投最好是股票型基金。

第三，加强家庭的保险保障。根据郑女士的情况，每年可提出 10%，即至少 10 000 元的资金投入保险。

通过郑女士的例子，可以看出，每个人都有自己的财务目标，但要实现所有的财务目标并不现实，必须学会科学理财。

1. 学习投资基本知识

不管投资股票还是基金，投资之前一定要知道自己是在做什么。当然，我们不是专业人员，不用了解很多，但至少要懂得一些起码的常识。比如，我将要投资的东西到底代表了什么？它们的价值为何会上涨或下跌？买入卖出时的费率又如何计算？……学会这些常识后，你就能对未来发生的一些状况做出自己的判断，不会因为一时的涨跌而手足无措。

2. 充分了解自己财务状况

投资过程实际上是信息不对称的过程，在实际投资过程中，要完全做到知彼是不可能的，但是如果对自己的财务状况都不明了，就贸然投资，投资获利的风险性就比较大。要多问自己一些问题：我投资的目的是什么？预期收益率是多少？我能投入多少资金？风险承受能力又如何？我打算做一个怎样的投资者？……把这些问题都好好地想一想，和家人坐下来讨论讨论。

另一方面，有些有点经济能力的人，喜欢拿出自己的闲钱来投资，但是在投资上并不专心，因为他们认为闲钱即使输光了也不要紧。这种心态并不可取，投资理财是一种事业，是为了赚钱，千万不要抱着输光了也无所谓的心态来投资。

3. 注意搜集相关信息

投资理财的重要之处在于信息，唯有关注各方面的信息，才能让投资做到有迹可循。我们每个人似乎都会经历这一步，没有人第一次选择的股票或基金是完全靠自己的判断分析得出的。所以平时多留心媒体、专家、朋友的介绍，多采集接收信息，把这些都记录下来，确立一个投资的大范围。

4. 精挑细选，缩小范围

在投资对象较多的大范围中，逐一地进行了解、分析、一层层地筛选，把值得长期投资的目标，长期跟踪，锁定目标。即使经过了层层选拔，留下来的也未必就是对的，长期地观察和全方位地了解——这就是所谓的知彼。当然，要做到完全知彼是不可能的，但一定不能偷懒，尽可能多地去了解，做到心中有数。最后把投资范围缩小到个人资金可承受的范围以内。

5. 等待时机，大胆进入

即使你很看好一个基金、股票，也没有必要急着买入，耐心地等待它的回调，耐心地选择、耐心地等待，然后耐心地持有，千万不要忽视时间的力量。

学会制作财务状况表

财务状况表并不只是公司才能用得着，个人也应该学会制作财务状况表。为自己准备一个账本，记下你生活中的每一笔开支。这个方法看似简单，实则非常有效。平时居家过日子，进进出出的开支非常零散。一日三餐、交通、娱乐等，看上去好像很固定，但总是会有一些额外支出，月底时吓你一跳，不仅大大超出预算，而且思前想后也不知道钱花到哪儿了。

每天记账，每年制作一次财务状况表。通过记账，你可以明确，在这一年当中，你赚了多少钱，花了多少钱，又存下多少钱？你的家庭有多少财富可应用，又有多少债务未还？年终到了，除了家里要大扫除之外，财务也要来个年终结算，为明年做妥善的理财规划。

通过个人财务报表，个人的财务状况一目了然，有多少收入（毛利），多少存款（现金），有没有买房子（资产），有多少贷款（债务），每个月要花多少钱（成本）。完备的个人财务报表能让我们清楚地知道自己的财务状况，少花不该花的钱。当然，制作个人财物报表的时候也要考虑未来的财务状况，将来收入变化、成本变化和风险。将来有没有要花钱的地方，比如失业、医疗、保险、结婚、供养老人小孩等（风险）。

记账很重要，知道如何记账就更重要了。首先，记账必须忠实记录。一般人最常采用的记账方式是用流水账的方式记录，按照时间、花费、项目逐一登记。若要采用较科学的方式，除了须忠实记录每一笔消费外，更要记录采取何种付款方式，如刷卡、付现或是借贷等。

其次，要特别注意记好资金支出。资金的去处分成两部分，一是经常性方面，包含日常生活的花费，记为费用项目；另一种是资产性方面，记为资产项目。资产提供未来长期性服务。例如，花钱买一台冰箱，现金与冰箱同属资产项目，一减一增，如果冰箱的寿命是5年，它将提供中长期服务；若购买房产，同样会带来生活上的舒适与长期服务。

最后，要整理好各种记账凭证。如果说记账是理财的第一步，那么集中凭证单据则是记账的首要工作，平常消费应养成索取发票的习惯。平日在收集的发票上，清楚记下消费时间、金额、品名等项目，如没有标注品名的单据最好马上加注。

此外，银行扣缴单据、捐款、借贷收据、刷卡签单及存、提款单据等，都要一一保存，最好放置在固定地点。凭证收集全后，按消费性质分成食、衣、住、行、育、乐六大类，每一项目按日期顺序排列，以方便日后的统计。

除了记下平时生活花费以外，还要有家庭财产记录。有人不喜欢将自己的财务状况公布给家人，他们甚至开一个秘密账户，与朋友合伙或借钱给朋友等。由于种种原因，借据、凭证或业务上的安排家人都不清楚。如果突然有一天，他突然出事了，借出的钱可能永远收不回来，合伙的财产被别人吞了，怎么办？拥有自己的秘密不是罪过，但如何才不会使我们的钱财不会凭空飞掉，又能保住秘密呢？将自己所有的财产登记入账是非常必要的。

记账只是一种使自己了解财务状况的方法，一种控制金钱的手段。我们所说的记账并不是狭义地记下每天的现金账，而是你各项开支和财产记录。这些家庭财产的实际记录，也许能够帮助你合理地使用每一分钱，从而更有针对性地做一些后续投资。

懂得计算成本与收益

近几年来，我国掀起了一股前所未有的投资热潮，大批的民众涌入股票市场、基金市场，一时间，“谈股论金”成为街头巷尾热议的话题。似乎人人都在谈投资，但是，真正了解它的人又有几个呢?

谈到投资，多数人都理解为一种理财的方式，认为投资就是购买国债，就是买房子或者买股票。而企业家们谈到投资，多数人认为投资就是购置土地、建设新生产线、扩大生产能力等。不同的人对投资有着不同的理解，官方给“投资”的定义是“把金钱转化为资本的过程”。西方经济学家威廉·夏普对于投资的定义是“以牺牲当前的消费来增加未来的消费”。换句话说，人们投资的目的就是获得回报，并且这种回报要大于投资人初始的投入。

随着时代的发展，个人投资理财的领域日渐宽广，金融机构也为普通民众理财开辟了广阔的空间。民众对于理财的意识不断增强，致使投资热潮不断升温。古人云：“工欲善其事，必先利其器。”我们要想做好投资这件“事”，必须了解投资是什么，有一个充分的投资知识的准备。

个人财富的增值、家庭的收入增加、企业的盈利、国家的经济发展都离不开投资。但是投资市场变幻莫测，只有掌握了投资的知识，熟悉各种投资方式与技巧，才能使自己在市场中立于不败之地。所以北大课堂上的投资学知识，理所当然地受到大家的关注，受到大家的追捧，谁都希望通过学习投资学来掌握投资这个神奇的致富工具。可以说，谁掌握了投资，谁就掌握了生活；谁掌握了投资，谁就掌握了世界。

对于我们普通人而言，当我们准备进行投资时，首先必须弄清楚，投资的成本是什么，随之而来的收益怎样。这看似简单的问题是投资学中最基本也是最重要的问题，它直接影响着我们投资的选择与决策，并且这种选择会对整个投资过程产生实质性的影响。

“世上没有免费的午餐”，不论我们做任何事情，都要付出代价。这也就是说，牺牲当前的消费，来增加未来的消费，投资的成本就可以理解为我们牺牲的当前的消费。

在很多情况下，成本与收益是对等的。例如，工人辛勤劳动，换取报酬，这时所付出的成本与得到的收益之间确实存在着对等关系。而在有些情况下，这种对等关系是不存在的。成本与收益的不对等才是现实生活中广泛存在的，只有弄清楚这一点，才会使我们真正去认识投资。

第三章

用钱生钱，适合“小白”的理财方法

第一节　存贷有道，让财富积少成多

制订合理的储蓄计划

莹莹和小文是好友，两人的薪水差不多。小文每个月开销不大，薪水总是在银行定存，莹莹则喜欢买衣服，钱常常不够花。3 年下来，小文存了 3 万元，而莹莹只有一些过时的衣服。其实小文很早就有“聚沙成塔”的想法，希望储蓄能帮助自己将小钱累积成大的财富。

一般来讲，储蓄的金额应为收入减去支出后的预留金额。在每个月发薪的时候，就应先计算好下个月的固定开支，除了预留一部分“可能的支出”外，剩下的钱可以通过零存整取的方式存入银行。零存整取，即每个月在银行存一个固定的金额，一年或两年后，银行会将本金及利息结算，这类储蓄的利息率比活期要高。将一笔钱定存一段时间后，再连本带利一起领回是整存整取。与零存整取一样，整存整取也是一种利率较高的储蓄方式。

也许有人认为，银行储蓄利率意义不大，其实不然。在财富积累的过程中，储蓄的利率高低也很重要。当我们放假时，银行也一样在算利息，所以不要小看这些利息，一年下来也会有一笔可观的收入。仔细选择合适的储蓄利率，是将小钱变为大钱的重要方法。

储蓄是最安全的一种投资方式，这是针对储蓄的还本、付息的可靠性而言的。但是，储蓄投资并非没有风险，主要是指因为利率相对通货膨胀率的变动而对储蓄投资实际收益的影响。不同的储蓄投资组合会获得不同的利息收入。储蓄投资组合的最终目的就是获得最大的利息收入，将储蓄风险降到最低。

合理的储蓄计划围绕的一点就是“分散化原则”。首先，储蓄期限要分散，即根据家庭的实际情况，安排用款计划，将闲余的资金划分为不同的存期，在不影响家庭正常生活的前提下，减少储蓄投资风险，获得最大的收益。其次，储蓄品种要分散，即在将剩余资金划分期限后，对某一期限的资金在储蓄投资时选择最佳的储蓄品种搭配，以获得最大收益。最后，到期日要分散，即对到期日进行搭配，避免出现集中到期的情况。

如何避免储蓄风险

储蓄也有风险吗？我们肯定地告诉你：“有。”世界上没有绝对的安全，说储蓄有风险是科学的，它表现在不能获得预期的储蓄利息收入，或因通货膨胀而引起储蓄本金价值的缩水。在本节我们就教大家如何避免储蓄的风险。

你可能会问怎么储蓄也有风险？按照人们的一般观念，把钱存入银行应该是最安全的。

实质上，安全不等于零风险，只不过储蓄风险较其他的投资风险有所隐藏。通常而言，投资风险是每个人都知道的，指投资的资本发生损失或不能获得预期的投资报酬的可能性。

其中，预期的利息收益发生损失主要是由以下两种原因造成的。

其一，提前支取存款。根据目前中国的储蓄条例规定，若提前支取定期存款，利息会按照你在支取日挂牌的活期存款利率来支付。这样，存款人若提前支取未到期的定期存款，利息收入就会遭受损失。存款额越大，离到期日期越近，提前支取存款所导致的利息损失也就越大。

其二，选错存款种类，导致存款利息减少。储户若在选择存款种类时选择不当，会造成不必要的损失，应根据自己的具体情况做出正确的选择。例如，有许多储户为图方便，将大量资金全部存入活期存款账户或是信用卡账户，尤其是目前许多企业不直接把工资发到员工手里，而是委托银行代发，银行接受企业委托后会定期从委托企业的存款账户里将工资转入该企业员工的信用卡账户。这么做的好处是持卡人随用随取，既可以提现，又可以刷卡购物，非常方便。但不足的是信用卡账户的存款都是按活期存款的利率计息，所以利率很低。而很多储户又把钱存在信用卡或是活期存折里，一存就是长时间，个中利息损失可见一斑。还有许多储户认为存定活两便储蓄不就可以了吗？认为其法既有活期储蓄随时可取的便利，又可享受定期储蓄较高的利息。其实根据现行规定，定活两便储蓄的利率在同档次的整存整取定期储蓄的利率基础上打六折，所以从想多获利息角度考虑，宜尽量选择整存整取定期储蓄。

预期的利息收益发生损失的原因还在于存款本金的损失，主要是指在严重的通货膨胀情况下，如果存款利率低于通货膨胀率，即会出现负利率，则存款的实际收益小于等于零，此时若无保值贴补，存款的本金就会缩水，告诫损失。你只有对存款方式进行正确的组合才能防范储蓄风险，从而获得最大的利息收入，减少通胀带来的影响。在通货膨胀率特别高的时期，应将储蓄积极进行投资，投资于收益相对较高的投资品种。

总而言之，无论要避免哪种情况的储蓄风险，我们都应根据自己的实际情况出发，对症下药采用不同措施，以减少损失。

第一，不要轻易将已存入银行一段时间的定期存款随意取出，除非有特殊需要或手中有把握高的高收益投资机会。因为，如果钱不存银行，也不买国债或进行别的投资，就放在家里，那么连名义上的利息都没有，损失将更大。即使在通货膨胀时期，物价上涨较快、银行存款利率低于通货膨胀率而出现负利率的时候，钱存银行还是要按票面利率计算利息的。

第二，若存入定期存款一段时间后，遇到比定期存款取得的收益要高的投资机会，如国债或其他债券的发行等，储户可将继续持有定期存款和取出存款后改作其他投资方式，两者作一番实际收益的计算比较，从中选择总体收益较高的投资方式。例如，3 年期凭证式国债发行时，因该国债的利率高于 5 年期定期银行给的存款利率，那么，我们就应该取出原已存入银行 3 年或 5 年的定期存款，转而去购买 3 年期的国债。对于如果存款期不足半年的储户来说，这样做的结果是收益更大化、损失更小化。但对于那些定期存单即将到期的储户来说，并不适合这种方法，提前支取快到期的存款购买国债，损失将大于收益。这一点很容易就能计算出来。

第三，在市场利率水平较低的情况下，可将已到期的存款取出，而选择其他收益率较高的投资方式，也可选择转存其他的储蓄期限较短的储蓄品种，以等待更好的投资机会；等到存款利率上调后，就可将到期的短期定期存款取出，改为期限较长、利率较高的储蓄品种。

第四，在利率水平可能下调和定期存款已到期的情况下，对于灵活投资时间不充足的人来说，继续将资金转存定期储蓄是较为理想的选择。因为，在当前利率水平较高、利率可能下调的情况下，存入的定期存款的期限越长意味着可获得的利息收入越高，因为利息收入是按存入日的利率计算的，在利率调低前存入的定期存款，在利率下调时不会更改以前的存款利率，即整个存期内都是按原存入日的利率水平计息的，所以可获得的利息收入就较高。

再者，在银行利率水平有可能调低的情况下，金融市场上的有价证券，如股票、国债、企业债券等正好处于价格较低、收益率相对较高的水平，但如果利率下调，就会进一步推动股票、债券收益价格的上升。因此，对具有一定投资经验，并可灵活掌握投资时间的投资者，要把握利率可能下调的时机，将已到期的存款取出，有选择地购买一些股票和债券，等利率下调后将价格上升的股票和债券抛出，可获得更高的投资收益。当然，在利率下调时并不是所有的有价证券都会同步同幅的上升，其中有些升幅较大，有些升幅较小，甚至还有的可能不升，我们应认真分析后做决定。

仅仅知道储蓄远远满足不了我们投资积累财富的需求，在懂得储蓄的同时还要多汲取一些经济知识，以便于更好地规避储蓄的风险。

在很多人的心目中，储蓄一直是最稳健的投资理财方式。殊不知它与其他的投资方式一样存在风险，这就需要人们警醒且认真对待。

怎样用适当的贷款赚最多的钱

寻找最适合你的贷款，不光有利于尽快还款和方便投资，精明的投资人还会从一个合适的贷款中赚出钱来。根据贷款品种的功能，选择适合的投资方式和目的，关系到你的投资是否能获取更高的利润。

从节省的角度来看，少就意味着多，所以一个原则是，要确保只支付你认为最有用的贷款产品开支。因而，你对与你的贷款相关的功能和开支了解得越多，就越容易寻找到最适合你的贷款。

有的投资者会想：虽然固定利率和浮动利率各有千秋，但从长线投资的角度讲，哪个利率会更好一些呢？很多专家的回答是：浮动利率更适合于房地产投资。

首先，一般来说，固定利率比浮动利率要高出很多，而你根本就无法保证浮动利率究竟在何时及多大程度上超越固定利率。在选择给利率加锁时，其实你是在和市场打赌：一是利率一定上涨，二是上涨的幅度一定很大，令浮动利率超过固定利率。

其次，根据媒体公布的一项研究数据，从 1990 年 9 月到 2001 年 4 月，平均固定利率为每年 9.38%，而平均浮动利率每年为 9.24%。若将浮动利率按 3 年为期计算，并与同期的 2 年固定利率相比较，固定利率的支出大大超过了浮动利率的支出。

为了从贷款中赚出更多的钱，你就需要选择功能灵活的贷款产品。贷款产品的功能是至关重要的，有的产品对多还款和再取款有若干的限制，这会滞后还款期。有时这类产品以较低的初始利率来吸引客户，一些客户只看到其表面利率，不了解其稳定性、功能及限制条件。选择功能灵活的贷款产品，使各种收入直接进入贷款账单，在第一时间冲掉本金、抵消利息，可以大大缩短还款期。你可以采取以下措施。

第一，首先偿还自住房的欠款。如果有两个以上的物业，一个自住、一个用于投资的话，要快归还自住物业的贷款。对于投资物业，由于贷款利息可以享受税务优惠，在正常情况下，只保证最低还款额即可。

第二，先付抵押贷款的所有先期费用。除了以现金付前期费用外，一些贷款机构允许你把前期费用加到你的借款中，虽然看上去很好，但应尽早避免。因为它意味着在整个还款期间，要多付许多的利息。

第三，将无抵押债权放在最后。如果你有几个贷款的话，当你的贷款账单累积起来威胁到你的还款能力的时候，你首先要做的是，排列债权人的偿还顺序，最好的策略就是将无抵押的贷款放在最后。如果你拥有汽车或房屋的抵押权，无抵押权人对付你的策略只能是将你诉之法律，败诉的话，你会失去你的房屋。

第四，加快还款频率。最简单和最能减少还款时间和成本的方法，就是每半个月还款一次，也就是把你的月还款额分成两次，这样对你的可支配收入几乎没有什么影响，但能很大程度地改变你的还款额和时间。

第五，优化组合贷款。组合贷款，或通常所知的综合贷款可让你有一部分的固定贷款和一部分的变动贷款，这实际上就是允许你对利息率是否上涨和涨多少押宝。如果利息上涨，你可以安全地知道你的一部分贷款是固定的，不会随之上涨；但如果利息率不动，你就可以利用变动贷款部分的灵活性尽快还那一部分贷款。

按揭贷款的省息技巧

事实上，适当的负债是可以改善生活品质的。与此同时，怎样寻找适合自己的还贷方式也成为当下人们密切关注的话题。

小赵在某银行贷得一笔额度为100万元的住房按揭贷款，期限为20年，但是由于小赵是首次购买普通住宅用于自住，并且个人信用记录良好，银行给予基准利率下浮30%的最优惠利率，即执行年利率4.158%。但其实在选择银行还款方式上，小赵有些不知所措：采用不同的还款方式，利息相差还不少，到底选择哪一种还款方式，才可以合理节省利息支出呢？

不同的还款方式各有千秋。其实目前在市场上最常见的按揭贷款还款方式就有两种：等额本息还款法，也就是说每期归还的贷款本金与利息合计相等，对于借款人而言，每期还款总额都是一个固定数，俗称“等额”还款法；等额本金还款法，即每期归还的贷款本金金额相等，每期还款总额随着归还进度因利息逐期减少而减少，俗称“等本”还款法。

其一，采取“等额”还款法，第一个月应还贷款利息应该是 1 000 000×（4.158%/12）=3 465 元，归还的贷款本金是 2 678.38 元，合计为 6 143.38 元；第二个月则应该还贷款利息等于剩余本金乘以利率：（1 000 000–2 678.38）×（4.158%/12）=3455.72 元，归还的本金是 2 687.66 元，合计仍旧是 6 143.38 元。以此类推，期初还款额中本金所占比例较低，利息占比较高，之后本金占比逐渐提高，利息占比降低，还款总额在还款期间均维持不变（即等额）。

其二，采取“等本”还款法，第一个月应还贷款利息同样也是 1 000 000×（4.158%/12）=3 465 元，归还的贷款本金是 1 000 000/240=4 166.67 元，合计为 7 631.67 元；第二个月应还贷款利息 =（1 000 000–4 166.47）×（4.158%/12）=3 450.56 元，归还的本金也仍为 4 166.67 元，合计 7 617.23 元。以此类推，每月还款的本金不变（等本），利息支出由于前期的还本，每月减少 14.44 元，每月合计还款额在还款期间同金额减少 14.44 元。

采取按月“等额”还款法，小赵的每期还款额均为 6 143.38 元。

采取按月“等本”还款法，第一期小赵的还款额为 7 631.67 元，每月还款额递减 14.44 元，20 年合计还款

1417532.50 元。

采取"等本"还款法较"等额"还款法，20 年还款总额足足减少了 56 879.12 元，为什么有这么大的差别呢，银行凭什么要多收这么多利息？

事实上，贷款利率一直都是影响还款计划至关重要的因素。近些年来国家频频对贷款利率作出调整，2007 年内连续 6 次升息及 2008 年下半年连续 5 次降息，同时放宽房贷利率的浮动范围，对于按揭贷款影响非常之大。很多银行也随即推出了利率调整政策，客户满足银行一定的条件之后，就能享受最低 7 折的利率优惠。

同样是小赵，倘若是在 2008 年年初贷款的话，在享受最优惠利率即贷款基准利率下浮 15% 的情况下，采用"等额"还款法，每月需还款 7 547.56 元，比原来 2009 年初贷款的还款额足足高了 1 400 多元。

其实像小赵一样有住房公积金的客户还可考虑申请个人住房公积金贷款，享受更加优惠的公积金利率。住房公积金贷款同期限的贷款利率为 3.87%，比起普通商业按揭贷款月还款减少约 150 元。你还可以申请公积金组合贷款，也就是部分公积金、部分住房按揭的贷款组合。

通常一些一般的银行按揭贷款，贷款利率都是采用浮动利率制的，随着国家利率在第二年年初调整为最新利率。这在贷款利率的降息期其实是非常有利的，也就是意味着来年还款减少了。利率的升降都存在周期性，倘若判断目前利率水平已相对见底，在这个时候采取固定利率将利率锁定，以应对将来可能的升息情况，也不失为一种选择。

事实上任何一种贷款的还款方式，都有其适合的人群。其实就一句话：“合适的才是最好的。”其实我们每个人的家庭收入、支出和投资计划都有所不同。一般而言，每个家庭的信贷支出不超过家庭总收入的50%，才不会对其日常的生活产生较大的影响。次贷危机、金融海啸向大家揭示了过度超前消费所伴随着的巨大风险，唯有合理评估自身的收入、还贷能力等，才能够最大限度地节省支出，把自己的“财”“理”好。

妙用通知存款：使你储蓄的闲钱获益多

刚从学校退休下来的牛教授，由于空闲的时间太多，难以适应闲着的生活。为了给自己找点事情做，他开始学炒股、买卖基金。行情不好时，他开始研究起银行储蓄的巧用学问。

牛教授的退休金每个月都会如数准时地转到账户上。时间长了，活期存款太不划算，加之货币贬值的速度加快，或许细算起来，自己一辈子的辛苦钱还会贬了值呢。但若存做定期，万一股市和楼市有起色了，手头又不能及时拿出那么多的现金来投资。于是，他开始搜索一种介于定期与活期存款之间的储种。最后，他选择了通知存款作为主要的理财手段。

牛教授说：“我的钱都存了通知存款，利息比活期高 1 倍多。这段时间各种变化较多，没敢再买理财产品，将资金抽出来存在银行避险。必须讲究存款策略，防止在降息中有小损失。”牛教授除去在基金和股票里的 50 万元，他把剩余的存款 20 多万全都办理了 7 天通知存款。“7 天通知存款”利率降息后若按照 1.35% 计算，每 10 万元每周比活期多近 10 元利息。“通常我会连续办理 28 天通知存款，其间，如果有国债发放或有好的固定类收益产品，我可以再次将这些钱用作这方面的投资。”

牛教授对自己的资产管理现状非常满意。曾经在股市大跌之前撤出的一部分钱，也正好活用到存款储蓄上来。牛教授自认为虽老但是心理承受能力还不错，他仍然喜欢刺激的股市交易。“我会随时观察形势变化，准备再次投入收益更高、风险也更高的理财大潮中去。”

牛教授的理财智慧颇为独到，能了解并运用通知存款，绝对是个理财潮人。看到他的理财妙招，我们也豁然开朗，对“7天通知存款”的业务有所了解。

对稳健理财的“铁杆储户”而言，储蓄是他们最中意的选择。一般家庭，备用金因金额小、不固定，随时都有动用的可能。银行的产品设计专家经过一番测算后发现，原来这是一块大有赚头的肥肉，各大银行相继推出了名曰“通知存款”的介于活期和定期的新变种产品。

“7天通知存款”最低起存金额为5万元，目前的年利率为1.35%，在取出资金前的7个自然日通知银行就可以。比如您12月31日做通知存款，想2月16日取款，只要在2月9日通知银行取款就可以了。现在活期的利率为0.36%，7天通知存款利率为1.35%。

办理7天通知存款需要注意以下事项。

（1）利息算头不算尾：比如12月31日做7天通知存款，2月16日取出，利息从12月31日开始计算，2月16日当天不计利息。

（2）提前或逾期支取所有利息都按活期计算。如您 12 月 31 日做的 7 天通知存款，原计划在 2 月 16 日取出，2 月 9 日做了取款通知，但是在 2 月 16 日之前或之后取出存款，存款利息将按活期 0.36% 年化收益来计算。

（3）取消通知，扣除 7 天利息。如您 12 月 31 日做的 7 天通知存款，原计划在 2 月 16 日取出，2 月 9 日做了取款通知，2 月 10 日做了取消取款通知，并且让银行为您继续做 7 天通知存款，实际于 3 月 16 日取出存款，在 3 月 16 日取出资金、计算存期利息时，有 7 天是不计利息的（零利息）。

（4）通知存款的存取有着一定的规矩：个人通知存款需一次性存入，可以一次或分次支取，但分次支取后账户余额不能低于最低起存金额，当低于最低起存金额时银行给予清户，转为活期存款。个人通知存款按存款人选择的提前通知的期限长短，划分为 1 天通知存款和 7 天通知存款两个品种。其中 1 天通知存款需要提前 1 天向银行发出支取通知，并且存期最少需 2 天；7 天通知存款需要提前 7 天向银行发出支取通知，并且存期最少需 7 天。就国内银行而言，人民币通知存款主要有 1 天通知存款和 2 天通知存款两种，外币只有7天通知存款一种。最低起存金额为人民币5万元(含)，外币等值5 000美元（含）。

灵活使用通知存款，有三个密招。

第一，若非不得已，千万不要在7天内支取存款。如果投资者在向银行发出支取通知后未满7天即前往支取，则支取部分的利息只能按照活期存款利率计算。

第二，不要在已经发出支取通知后逾期支取，否则，支取部分也只能按活期存款利率计息。

第三，不要支取金额不足或超过约定金额。因为不足或超过部分也会按活期存款利率计息；支取时间、方式和金额都要与事先的约定一致，才能保证预期利息收益不会受到损失。

除了通知存款外，我们还应了解更多银行储蓄理财的技巧：

第一，定存分笔存，提高流动性。若将闲置资金全部长期定存，万一临时需要现金时，提早解约会损失两成的利息。不妨将定存化整为零，拆分为小单位，并设定不同到期日，这样的好处是每隔一段时间便有定存到期，资金流动无恙，将定存当成活存用，利息比活存高6倍多（1年期2.25%比活期 0.36%）。例如，将手中 5 万元资金，拆分成 1 万元一份，分别存 1 年期、2 年期、3 年期、4 年期、5 年期定存；一年后，再将第一笔到期的 1 万元开设一个 5 年期存单，依此类推。

第二，提前支取有窍门。如果急需用钱，而资金都已存了定期，不妨考虑以下列方式提前支取，将损失减少到最小：根据自己的实际需要，办理部分提前支取，剩下的存款仍可按原有存单存款日、原利率、原到期日计算利息，要注意的是部分提前支取业务仅限办理一次。

第三，自动转存最省心。各银行均推出存款到期自动转存服务，避免存款到期后不及时转存，逾期部分按活期计息的损失。值得注意的是，有的银行是默认无限次自动转存，有的只默认自动转存一次，而有的需储户选择才自动转存。

盘活工资卡，别让工资睡大觉

工资卡，一张大家再熟悉不过却又常常忽略的卡片。大家平时工作忙，只把工资卡里的钱随取随用，卡里没用完的资金只能待在银行这个“保险柜”，无形之中让自己的资金变成“睡钱”。目前处于加息通道之中，你千万别小看了卡里那些零零碎碎的钱，这些钱也会为你的经济增长发挥点儿作用，前提是你要把这些“睡钱”盘活。

马先生打理工资卡的秘诀是运用“黄金理财方程式”，即“50% 定期存款 +30% 活期存款 +20% 的理财产品”。

马先生认为，赚钱靠开源节流，但是目前情况下很难开源，只能从节流上做文章。虽然每个月工资有限，但是依靠按比例理财，还是能积累财富的。每个月，马先生都通过网上银行自动将卡内的钱 50% 存为 3 个月的定期存款、20% 部分进行理财，剩下的留作日常开销。

一般工资卡里的钱是活期存款，目前活期存款的年利率为 0.50%，如此低收益等于让工资卡的钱“睡大觉”。“工资卡理财从约定转存开始。”马先生表示，定期存款收益远远超过活期存款，如果每个月将 50% 存入定期存款，与活期的收益差距超过 5 倍，这个数据太可观了。

同时，马先生为了提高收益，还将活期存款存为货币、短债基金。一旦活期存款的额超过了 5 万元，就自动转为通知存款。

当前，对于不少人来说，工资卡就是一张活期储蓄卡，需要用钱的时候取钱出来，不用的时候钱就当活期放在里面。这样做使工资卡收益很低，不能带来一些理财收益和便利。若是我们以理财的眼光去看工资卡，就可以像马先生一样将工资卡的效益提高。

1. 盘活工资卡之约定转存

约定转存，享受高额利息。工资卡的钱若都是活期的话，那么以目前的0.36%活期利率来看，可以说利息是少得可怜，而若你办理了约定转存的业务，你给自己的工资卡约定一个最低的活期额度，超过这个额度的金钱以一个具体周期自动转存为相对应的定期，那么你就能享受对应的定期利率，比如说某银行定期3个月的利率是1.75%，1年期利率高达2.26%，定期时间越长，利率越高。这样你的工资卡既保证了一定量的随时可以动用的活期，也让那些闲钱享受到了高额的利息，而且是复利模式，时间长了，利息差异相当大。

2. 盘活工资卡之开通网银

开通网银，用来缴纳水电煤气等费用和办理网购汇款等业务。若是每次都要去柜台办理水电煤气的费用缴纳，不仅需要花费很多的时间，还可能需要坐车、排队，非常劳累。

开通网银后，就可以在公司或者家里的电脑上缴纳费用了，非常方便。目前，网银还处于推广阶段，其优惠政策很多，比如说汇款，手续费用比柜台办理便宜很多，同时也很方便。

还有不少人有网购的习惯或开网店的爱好，那么网银的支付手段就必不可少。这一切，只需要你开通工资卡的网银功能就能在家办理好，同时随着网银安全技术的日益进步，只要规范操作，基本还是很安全的。像网上申购基金，股票资金划转及外汇交易等业务，就不必耗时耗力地亲自去银行等地一一办理。这样缴费会更加及时，不会因为挤不出时间而拖欠水电费，导致白白损失一部分滞纳金。

3. 盘活工资卡之与信用卡挂钩

与信用卡挂钩，省心省钱。不少银行都推出了信用卡，而信用卡的及时还款问题是很多人头痛的问题，不仅常忘记还款时间，而且要去一些网点办理还款手续，要专门抽时间，也比较麻烦。若是将工资卡与信用卡挂钩，让其到期自动扣款，不仅可以省去还款的麻烦，而且不会因此遭遇罚息和滞纳金，同时又能让你的信用纪录保持良好。

精打细算利息多

俗话说得好，由俭入奢易，由奢入俭难。精打细算，油盐不断。很多人往往看不上存款所得的那一点点利息，活期储蓄的目的多半也只是随用随取，图个方便快捷。其实，储蓄的利息也不是那么好挣的，不好好规划一下存款的方法，很容易就造成所得利息的隐性损失。

下面介绍几种可以让利息最大化的存款方法。

1. 约定转存

现如今，银行开办了一种“约定转存”的业务，只要你和银行事先约定好存定期的备用金额，储蓄金额一超过约定部分银行就会自动帮你转存为定期存款。这项业务的好处就是只要利用恰当，不但不会影响日常生活消费，还会在不知不觉中为你带来利润。

我们以一家银行的约定转存为例来说明一下，如果你将现在有的 11 000 元的储蓄存款全部以活期方式存在银行，那么一年应得利息为：11 000×0.36%＝39.6 元；如果你开办了约定转存业务（此项业务的办理起点为 1 000 元），那么你就可以与银行约定好，1 000 元以内，包括 1 000 元存活期，超过 1 000 的部分存一年定期。这么做实质就是将 11 000 元在无形中分成了 1 000 元的活期和 10 000 元的一年定期。

按现在的储蓄方式算，一年下来，你应得利息为：1 000×0.36%+10 000×2.52%=3.6+252=255.6 元。

结果很明显，两者相比，后者得到的利息是前者的 6.45 倍。

这种“约定转存”业务最大的好处就是在方便客户使用资金的前提下还能让效益最大化。如果你储蓄的备用金额减少了，约定转存的资金就会根据“后进先出”的原则自动填补过来。

2. 四分存储法

如果你持有 10 万元要存银行，可将这 10 万元分别存成 4 张定期存单，这么做的好处就是避免了在取小数额的存款时不得不动用“大”存单的弊端。方法如下：将每张存单的资金额分成梯形状，即将 10 万元分别存成 1 万元、2 万元、3 万元、4 万元的 4 张一年期定期存单。假如因需要要在一年中动用 1.5 万元，那么就只需支取 2 万元的存单。这样就可避免影响其他存款的利息。如果 10 万元全部存在一起，动用那“九牛一毛”时，对利息来说也是不小的损失。

3. 阶梯存储法

阶梯存储法适宜于筹备教育基金与婚嫁资金，是一种中长期投资。存储方法如下：假设持有 9 万元，可将其分成平均的 3 份，即 3 个 3 万元；将一个 3 万元存成一年定期；将另一个 3 万元存成两年定期；再将剩下的 3 万元存成 3 年定期。一年后，提出第一份到期的 3 万元，本息合计后再将其开成一个 3 年期的存单，剩下的那两份按此方法以此类推，那么你 3 年后持有的存单就全部为 3 年期的，只是到期的时间不同而已，依次相差一年。这种储蓄方式的好处就是可使年度储蓄到期额保持等量平衡,能应对银行储蓄利率的调整，更重要的是可获得 3 年期存款较高的利息。

4.“滚雪球”的存钱方法

此外，如果不嫌麻烦的话，我们为你推荐一种“滚雪球”式的存钱方法，即可以将家中每月余钱存成一年定期存款。一年下来，手中正好有 12 张定期存单。这样，一年以后，不管哪个月急用钱都可提取当年当月到期的存款；如果这月不需用钱，可将这月到期的存款连同利息及这个月手头的余钱一起接着转存成一年定期。这一招非常适合于有意外开支和收入的家庭。

5. 建立正确的储蓄组合

采用正确的组合储蓄方式既能获得相对合理的利息收入，同时又不影响生活质量。

有效合理的存款方法可以增加存款的利息收益，避免不应有的隐性损失。因此投资者一定要掌握这些存款的方法和技巧。

要想实现存款利息收益最大化，合理有效的存款方式是必需的选择。不积小流无以成江海，细小的累积，往往成就巨大的财富。

第二节　玩转信用卡，越刷越方便

信用卡的四大使用技巧

信用卡就像一把双刃剑，使用好了可给我们带来益处，用不好就是一种枷锁了。

信用卡的出现给我们的生活带来了很多的方便，它已经成为人们现代生活的重要组成部分，很多人手里都有一张甚至数张信用卡。现在人们去买东西再也不用提心吊胆地怀揣着大量的现金了，更是充分享受到了寅吃卯粮的乐趣，如果刷卡积分的话，积累到一定分数还能收获一些意外的小礼物，真是一卡在手，消费无忧。

但是使用信用卡也是要讲究很多技巧的，平时多留意一些注意事项，合理的使用，才能做到省钱又省心。

1. 存款无利息，取款要收费

首先，让我们分清储蓄卡（借记卡）和信用卡（贷记卡）的区别。信用卡跟储蓄卡的区别在于一是可以透支，二来最关键的一点就是：信用卡存款无利息，取款反而要收费！不仅是透支取款时要收费，就连取出溢缴款（多还款的钱，你自己的钱，不是银行的钱）也要收手续费！且手续费在取款金额的 1% ~3%。这一点使用者一定要注意。

2. 要注意超限费的问题

超限，即大多数信用卡支持超信用额度刷卡，不像储蓄卡余额不足就不可以再刷。但是超限部分的钱如果在账单日之前不能还上，就会产生超限部分 5%的超限费！信用卡毕竟不像存折，用户可以随时看到明细，如此，用户往往就不知道信用额度还剩多少，稀里糊涂地被收取了超限费。

3. 透支取现没有免息期

信用卡的免息期是指刷卡消费额的免息，对于透支支取的现金并不免息。从取款消费当天开始，只要隔一夜，透支的现金就会产生每天万分之五的利息，并且每月按复利计算！年化利率接近 20%，这远远高于贷款的利率，没有钱消费就刷信用卡真不如去办贷款来得划算！

还有，如果你在最后还款日没有还上最低还款额（透支走的现金的 10%），不但有万分之五的利息等着你，而且还有 5%的滞纳金等你交。

4. 不要忽视年费问题

信用卡第一年一般免收年费，从第二年起就要收取年费了。年费数额通常在 80~100 元，具体到每个银行不一样。不过好多银行规定，只要在规定的时间内刷够一定的次数就可以免年费。但需要持卡人注意的是，有的信用卡即使没有激活也收取年费。

此外还有关于还款方式的选择和安全使用的问题。

1. 慎选自动关联还款

很多人为了防止忘记还款，会把储蓄卡与信用卡绑定后采用自动关联还款方式。但是这里有个问题值得注意：关联交易最晚必须在最后还款日 2 天前进行，因为此功能验证成功最长需要 2 天时间，而且这 2 天内是不能再次还款的，如果你刚好在最后还款日那天还款，就会还款失败，哪怕储蓄卡里有足够的余额。在这里，还要注意重复还款的问题。有些人在设置了自动关联还款后为了保险起见还手工还款，觉得万一手工还款记错金额，自动还款还可以补救。其实，系统的扣款文件是在自动还款的前一天生成的，如果你手工还款在自动还款之前，那么系统仍会产生重复的自动还款，要命的是这样做就产生了溢缴款，而取回溢缴款又要收费。

2. 信用卡的安全问题

信用卡的安全问题是持卡人最为关心的。所以，我们在这里针对此问题进行详细的说明。要确保信用卡的安全使用，必须做好以下几点。

首先，保护好个人资料，杜绝风险源头。

现实中，很多信用卡被盗用或用信用卡的诈骗案件，都是由于持卡人本人不注意保护自己的个人资料，或者随意将信用卡转借而造成的。

这类信用卡盗用案件占据了金融诈骗案的很大比例。因此，保护好个人资料和不把信用卡随意转借他人是很有必要的，对此要特别注意以下几点。

第一，收到信用卡后，请立即检查信用卡正面的英文凸体字与你在申请表上所填的信用卡内容是否一致，并在信用卡背面的签名栏上签上你的姓名。在收到密码函时，要先检查信封是否完好无损，同时尽快修改原始密码，然后记住销毁密码函，若发现密码函破损或其他异常情况应该立即与发卡银行联系。

第二，刷卡消费的时候，尽量让信用卡在你看得见的视线范围之内，并且留意收银员的刷卡次数，一定避免重复刷卡。在签刷卡消费的签购单时要先确认上面的金额无误，然后再在上面签名，并且签名要与自己信用卡背面的签名保持一致。在柜面、柜员机上使用时，要注意保护个人密码，防止旁边的人偷窥。信用卡一旦丢失等同于现金丢失，所以必须马上跟银行联系进行挂失，最好记下信用卡号码及银行的客服号码，以备信用卡遗失或失窃时方便报案之用，然后把有关资料放在安全的地方。

第三，仔细对账，关注账单。收到每个月的信用卡消费账单后，都要第一时间检查每个消费项目及金额和总金额，确保与自己的消费数量相吻合，若发现异常的、有疑问的消费项目，要直接打电话与发卡银行联系，银行会有专人进行调查。

其次，防范网络诈骗风险。

登录网上银行网站购物时，一定要特别留意支付页面的地址是否为该银行的官方网站地址。若进行网上交易要选择资质比较好的网站，不要在公共场所登录网上银行。同时，务必经常更新网上银行的安全控件，以免被木马程序攻击遭受不必要的损失。

再次，揭穿短信、电话欺诈骗局。

针对信用卡消费每个银行一般都会有自己的固定短信和服务电话号码提醒，如果你突然收到一条陌生号码发送的有关消费记录的提醒短信，告诉你的银行卡在某某地、某某商场消费了多少钱，若有疑问请速与某个电话联系。其实这是不法分子的圈套。此时持卡人因保持冷静，收到的短信既然不是银行的固定号码发送的，就不要轻易地回电或给发信息的人提供卡片信息。

总而言之，只要我们多用点心，尽可能多的掌握信用卡的使用技巧，做好风险防范，就能安全轻松地享受信用卡带给我们的方便。

信用卡在人们的经济活动中占据了越来越重要的地位，如何安全用好信用卡就要引起人们的足够重视了。

如何防范信用卡风险

虽然利用信用卡行骗盗刷的手段花样繁多，但普通持卡人还是可以通过一些基本的风险防范措施来加强自我保护，降低信用卡的盗刷风险。

1. 个人签名

持卡人在拿到新办信用卡时，需立刻在卡片背面签名，签名时应尽量采用个性化签名，避免使用易模仿的正楷字，签字式样应与信用卡申请表格上的预留签字式样保持一致，以便核对。

2. 密码设定

如果信用卡可以设置密码，持卡人不妨选用这种方式。

3. 保护个人资料

个人资料包括：姓名、生日、证件号码、家庭电话、住址、婚姻状况、家庭成员、教育程度、职业、病历、财务状况等。

4. 卡片信息的保密

不要委托他人代办信用卡，不要将身份证件转借他人。

当接到来自银行要求确认资料的电话、短信时，应主动致电给发卡机构证实，以防止不法分子假冒银行工作人员骗取个人资料。此外，将信用卡转借他人使用是发卡机构严格禁止的。

5.POS 机刷卡消费

在收银员刷卡时，应确保信用卡在你的视线范围之内。签名前，核对消费金额及卡号，不在空白的或填写不完整的签购单上签名。完成交易后，确认收银员交还的信用卡是本人卡片，防止“掉包”。签购单填写有误需重新压印时，要将有误签购单即时当面撕毁；POS 机交易已经取得交易授权打印出消费凭证的，收银员应立即刷卡办理取消交易，持卡人应索要和保留打印的凭证，或者要求商户出具退货或交易失败证明，以免日后发生纠纷。

6. 保留消费单据与使用凭证

ATM 机上的取款凭条、消费单据及对账单等信用卡原始凭证，应注意妥善保管或定期销毁，不可随意丢弃，以避免泄露信用卡卡号、有效期等关键信息。原始凭证是处理信用卡使用问题的依据，如果发生纠纷而无凭无据将导致被动局面，所以可将单据保留一段时间。

7. 认真阅读对账单

银行每月会邮寄对账单，持卡人应认真阅读并妥善保管，及时发现错账或盗刷情况。

8. 紧急情况处理

信用卡丢失应该及时挂失，如果信用卡被 ATM 吞卡后无法及时取回也可采取挂失的方式以保障安全。任何时候不要轻信 ATM 设备附近张贴的公告或通知，可与银行专用固定的客户服务电话联系。建议将信用卡卡号及客服电话另行抄录并妥善保管，以便出现紧急或意外情况时及时联系。

9. 网上支付

不要在不安全或陌生的网站购物，最好选用能够随时开通、关闭网上支付功能的信用卡，随用随开通，支付完毕后即刻关闭网上支付功能。

怎样做到信用卡跨行还款免费

假如持卡人的还款能力不存在问题的话，那么选择的还款方式也是个值得关注的问题。常用的还款方式就是直接到柜台还款，但这样常遭遇排队之苦。可是我们面对信用卡还款收费难题，难道就没有“免费午餐”了吗？

1. 免费的自助还款机

便利店的自助还款设备，不但能够进行普通还款，对于信用卡的欠款也同样可以还。自助终端在全国各大城市都有网点。个人持任何一张有银联标识的借记卡，到银行营业网点的自助缴费终端，就可以轻松完成信用卡的还款。除了建行、邮储银行、农商行、交行等四家银行的信用卡之外，终端机上可以为工行、农行、中行、平安、民生等12家银行的信用卡还款，跨行信用卡还款免手续费，并且招商银行、深圳平安银行、兴业银行在还款日前还款，款未到账不收取滞纳金。

2. 银联在线还款

通常个人在登录“银联在线”网站注册，执行借记卡绑定操作及信用卡绑定操作之后，就能够每月在网上“不管何时何地”免费地转账还款了。市民可以用招行、中信、民生、华夏、平安、深圳农商行等10家银行的借记卡，向中行、农行、招行、民生、平安银行等13家银行的信用卡进行转账还款。

但这种方式只能为自己同名信用卡还款，且一定要确保已开通借记卡的网上支付功能，为能更好地控制风险，银联在线支付网站设定每月每个用户还款最高额度为2万元，无论绑定多少张借记卡，一旦本月累计还款超过 2 万元的话，系统就会提示“金额超限”。

3. 通过快钱网还款

信用卡在跨行还款方面用得较多的另一个渠道就是“快钱网”，当我们个人登录“快钱网”之后，就可以在网上操作，随时用借记卡为自己的信用卡还款，由于这种方式在推广期，还款免收手续费。

我们个人可以使用包括工行、农行、招行、建行、交行、民生等 22 家银行的借记卡，为工行、农行、建行、招行、平安银行、东亚银行等 18 家银行的信用卡还款。

4. 利用支付宝还款

个人其实也可以用自己的支付宝账户为招行、交行、广发行、工行、农行和建行等 6 家银行的信用卡还款，同时在支付宝的账户中，个人可以选择直接用支付宝账户余额进行付款，也可使用 43 家银行的支付宝卡直接付款，支付宝卡已将个人的借记卡和支付宝账户捆绑，可以直接进行在线支付。这项服务暂时也是免费。

5.ATM 机上也能还信用卡借款

个人只要把信用卡插入 ATM 机，就可以把钱存进信用卡，实现还款的功能。

这里需要注意的就是：通过转账方式还款，由于各银行信用卡到账时间不一，为避免超过还款期，建议提前3~5天还款。

如何让免息期“最长”

事实上大家应该都知道，信用卡的最大好处其实就是刷卡消费的款项能享受免息期待遇，这就相当于一笔“不用支付利息”的短期银行贷款。通常而言，信用卡的免息期最短是 20 天，最长 50 天。只要你能够精打细算，你的信用卡免息期就总可以尽可能地就长不就短；并且只要你能够巧妙地充分利用银行的政策，你还有可能不违规地延长你的信用卡免息期。

当然，如果你要想充分享受信用卡的最长免息期待遇的话，除了清楚地知道免息期的计算方法之外，还需要掌握一定的技巧和方法。

记住一个要点就是清楚计算免息期长短。

通常影响信用卡免息期时间长短的尤为关键的三个因素就是：刷卡日、账单日、到期还款日。通俗来讲，刷卡日其实就是你刷卡消费的日期，账单日是银行给你的信用卡规定的款项入账形成账单的日期，而到期还款日就是银行规定你在这个日期之前归还全部的单期账单金额的日期，这样你就都能够享受免息待遇。

通常而言，账单日的后 20 天即为到期还款日。比如说你某张信用卡的账单日是 9 日，那么 29 日就是该信用卡的到期还款日。那么我们就以具体的实例来说明刷卡日、账单日、到期还款日三者是怎样影响免息期长短的。

方法一：择卡而用

张小姐拥有两张信用卡，账单日分别是上旬和中旬，所以在择卡上就可以做一番文章。假如她一定要在 3 月 5 日要买双开门冰箱，那么她就该选用 B 卡。

这是因为 B 卡的账单日是 15 日，那么张小姐 3 月 5 日刷卡消费，3 月 15 日这笔款项就被记入了当期的账单，20 天之后的 4 月 5 日就是到期还款日。这样一来她享受的免息期是 32 天（3 月 5 日至 4 月 5 日）。

倘若张小姐用 A 卡消费，那么 3 月 8 日这笔款项就被记入了单期的账单上，3 月 26 日的到期还款日那天就要还款。这样她也就只能享受到 23 天的免息期（3 月 5 日至 3 月 26 日）。

方法二：延迟几日消费

倘若不是很着急的话，张小姐也可以将购买双开门冰箱的日期推迟至5天后的3月10日。在3月10日，用A卡消费，那么该笔款项直到4月9日才会被记入账单，4月29日那天才还款，这样就能享受到50天的免息期。

足可以见，有目的地选择用哪一张信用卡来消费，能够使我们尽可能长地享受银行的免息期待遇。因此，有经验的、会理财的持卡人，通常都是会办理三张账单日不同的信用卡，这三张信用卡的账单日最好分别是上旬、中旬、下旬。这样一来你在消费的时候，也就总是能找到一张合适的信用卡，让你享受到最长的免息期。当然，计算好了最长免息期，万不可忽略了还款的时间，以免影响了自己的个人信用。

就如上文所讲，为了延长信用卡的免息期，我们能够采用选择信用卡和延迟消费的办法。其实除此之外还有其他的方法呢。

1. 到期还款日可以延迟一两天

如今银行为了方便客户还款开通了多种还款的渠道，比如在各网点柜台还款、电子银行还款、自助银行（自助机具）还款，有的银行甚至还开通了特约商铺及便利店的特定机具的还款功能。

可是在这些还款渠道当中，有的电脑系统与银行信用卡电脑系统的数据传输其实并不是实时的，也就是说如果通过这些渠道进行还款，可能会要等到第二天或是第三天才能到达信用卡的账户。这其实也就就导致了还款资金到达信用卡账户时间与客户还款时间有一个时滞差异。事实上这个时滞差异问题经常会导致客户与银行之间的不愉快。因此，银行为了稳固客户关系，就暗地里放宽了对到期还款日的严格限制，将一些在到期还款日次日还款的信用卡也当作是到期还款而非逾期还款。

2. 到期还款日逢法定假日可延迟

如今银行营业网点对外营业也变得越来越人性化了，我们都知道通常在国家法定节假日期间是不营业的。这种情况的存在，不免会造成一些持卡人的信用卡到期还款日正逢当地该银行网点没开门营业而不能还款。因此，银行为了应对这一类情况，就会针对“正逢法定节假日当地营业网点不上班、持卡人无法按时还款”的情况，规定出于这种原因的持卡人，可以在当地该银行网点恢复营业的当日还款，这种情况不作逾期处理。

事实上对拥有多张不同信用卡的人而言，完全可以利用信用卡来“巧刷卡”。首先，一定要弄清楚每张信用卡的记账日是在哪一天；其次，刷卡前应该想一想日期，记住你千万不要今天刷卡明天还款，这可能会就失去信用卡刷卡透支消费的“时间”优势了；最后，刷卡结束后，别忘了还款。

合理规划自己的信用授信额度

如果你想要让信用卡成为自己的理财好帮手，除了先必须要根据自身情况，合理地控制信用卡的数量之外，还需要巧用信用卡的授信额度。可是在实际运用信用卡的过程当中，还是有很多人往往会走到两个错误的极端：一是无限度透支沦为“卡奴”，再就是听过太多“卡奴故事”而从此将自己的信用卡打入冷宫。事实上信用卡本身就是个好东西，关键就是要看我们怎么使用。

1. 适当提高取现额度

一般而言，我们其实都比较鼓励刷卡消费，但并不鼓励用信用卡透支取现。由于和信用卡刷卡消费相比，信用卡透支取现因为没有免息期，因此成本要高得多。信用卡取现也就非常容易让人陷入“拆东墙补西墙”“以债养债”的恶性循环中。

倘若我们用好了信用卡的透支取现，还可以为家庭资产增值。因此不鼓励信用卡透支取现，并不等于说我们不需要透支取现额度。或许我们每个人都知道，每个家庭都应该准备一定的应急备用金，以备不时之需。但以活期存款为主的应急备用金的投资收益却少得可怜。这个时候拥有一张取现额度较高的信用卡就能很大程度上释放我们的家庭应急准备金的压力。

怎样才能提高自己的授信额度?

现在在国内信用卡取现额度通常在授信额度的30%~50%，也有少数的银行采用国际通行的做法，透支取现额度与授信额度相等。对那些很多有意将信用卡作为存款准备金的消费者来说,取现额度较低是一个难以回避的问题。那么如何才能提高信用卡透支消费和透支取现的额度呢?

第一，办卡的时候一定要充分准备各种资产证明。由于申请人在银行还没有任何消费信用记录，所以在申请之初银行评估的是各种收入资产状况,然后再决定给多少信用额度。

第二，一定要认真填写表格细节。填写申请表格的时候，有几个影响授信额度的小细节，比如是否有本市的固定电话号码，这个号码是不是以自己的名字或家人的名字登记办理的，是否结婚及手机号码是否有月租，是否为本市户口等。银行会据此决定是否增加申请人的信用评估。

第三，做到随时随地不忘刷卡。用卡期间，多多刷卡消费，衣食住行都尽量选择有刷卡的商店消费，使用越频繁，每月就有相对稳定的消费额度。把原来现金消费的习惯改为刷卡消费，这表明你对银行的忠诚度，银行的信息系统会统计你的刷卡频率和额度，在 3 个月到半年后就会自动调高你的信用额度。

第四，保持良好信用，按时还款。俗话说得好，欠债还钱，有还才有借。银行也都是严格地遵循这个古老的真理。如果你不按时还款肯定无法积累一定的信用。据银行信用卡部门工作人员介绍，过去的卡片利用率并不是考量额度的关键因素，但是过去因刷卡而导致的还款情况记录却是至关重要的。在这其中良好的刷卡还款记录是最基本前提，其他大多是“充分不必要条件”。

第五，一定要主动申请提高信用额度。如果想提高信用额度，可以直接打客服电话提出申请，而不是被动等待银行的通知。正常使用信用卡半年后，你可以主动提出书面申请或通过服务电话来调整授信额度，银行需要审批，正常情况下，会在审查消费记录和信用记录后，一定幅度内提高你的信用额度。

2. 合理控制透支上限

其实在国外，理财师通常会建议消费者的信用卡总授信额度（一定要注意，不是单张信用卡授信额度）为其 6~12 个月的收入。通常这样的额度能够在现金流规划与风险控制这两者间保持一个比较良好的平衡。

但是在国内，信用卡兴起时间比较短，并且人们对信用卡的认识其实还存在较多误区，同时目前国内信用卡消费的主力军是年轻人，有些是踏入职场没多久的社会新人，有些还是没有固定收入的学生族，通常他们的透支还款能力并不强，所以说过度用卡存在较大的风险。其实对于这一类人群，最好的办法就是控制信用卡的总授信额度，让他们有一个养成良好用卡习惯的过程。因此理财师建议这些年轻人的信用卡透支总额度控制在约 3 个月的收入，对没有固定收入的大学生来说，2 000 元的初始信用额度已绰绰有余。

当然，对于理性消费者而言，信用额度可以提高，以

6~12 个月的收入为宜，不宜更高。因为通常而言，月收入的 6 倍足以应付日常的消费支出及临时的大件商品消费支出。而其实与之相对应的是，工作变动频繁或者是自己当老板的创业者，因为自己每个月收入容易忽高忽低，缺乏稳定性，所以说应该将信用卡授信额度控制在较低的范围内，比如上年收入的 20%~40%。

3. 学会梯度分配授信额度

对于理性消费者而言，能够运用 2、3 张信用卡进行组合使用的模式。通常在信用卡授信额度的分配上，同样也是需要几张信用卡进行分工合作。例如，张先生工作稳定，月收入 6 000 元，消费理性，拥有两张信用卡：一张银联卡、一张双币种卡，信用卡总授信额度可控制在 12 个月的收入，即 72 000 元。那么他其实可以将银联卡的授信额度设定为 24 000 元（4 个月收入），用于自己日常的消费，而另一张双币种卡的授信额度设定为 48 000 元（8 个月收入），平时也不需要使用，只有在出国旅游或者购买大件商品（家具、大型家电等）时使用。

事实上倘若两张信用卡的信用额度都不够高，或者是说自己想享受其他信用卡特约商户所带来的优惠，那么也就可以采用3张或以上不同银行的信用卡搭配使用的办法，但在事实上日常消费最好使用一张信用额度相对较低的卡，这样不但能够让刷卡积分集中在一张卡上，让积分换礼品获得更高的“效率”，同时也能够尽量避免冲动消费带来的不良后果。

值得一提的是，现在中国游客最常去的境外30多个旅游目的国及地区已经开通了银联卡的消费业务，通常消费者在这些地方使用银联卡消费的话，就能根据即时汇率进行计价，从而也就避免了汇率风险，并且也不需要支付货币转换手续费。

怎样玩转信用卡的授信额度是多数信用卡使用客户的一大难题，建议信用卡客户合理地控制透支上限、梯度分配好授信额度从而可以适当提高取现额度。如果要提高授信额度，就必须要主动向银行申请提高信用额度；做好充分的资产证明准备；随时随地不忘刷卡和按时还款，保持良好信用。

利用信用卡积分巧赚获益

事实上用信用卡的人都应该知道，刷信用卡消费能够有一定的消费积分。通常这个消费积分可以让你用来抵年费、换礼品，所以说不少信用卡族还是挺重视信用卡积分的。但是怎样才能刷同样的金额，赚到更多积分，如何用好积分，可没有大多数人以为的那样简单。

一般来说，信用卡平时的积分是很少的，可是一到节假日就不一样了，通常各大银行在节假日的时候都会推出一些双倍甚至多倍积分的活动来促使消费者进行刷卡消费。因此平时习惯消费刷卡的朋友就可以利用这个机会，赚取更多的积分。与使用现金相比，信用卡购物安全又可享受折扣，还可以累计积分换购礼品。

去花钱吧——信用卡的奖励计划的最终目标。事实上绝大多数的刷卡兑奖之类的活动都要动一番脑子，有时还需要比拼速度。例如，要求顾客在前多少名内刷满特定金额才能获赠礼品。因此，真正要练成"万花丛中过，片叶不沾衣"的高超武功，必须跟银行斗智斗勇。信用卡消费实质就是"拆东墙补西墙"，到最后还是要有借有还，所以说大家千万别捡了芝麻丢了西瓜。

信用卡积分能让你月入过万？

目前，各家银行为了鼓励客户消费都在信用卡上大做文章，除了各种各样的增值以及优惠服务，最大的一个共同点就是“积分”。客户在刷卡的时候，银行可以根据你的消费金额进行积分，通常绝大多数银行给出的标准是消费 1 元钱积 1 分。客户可以凭借着累积的“分”，在银行兑换礼品、抵用消费等。但还是有不少的客户在消费后，因为不同的原因忘记了用这些积分。能永久保存的积分还好，但有的银行在一两年后就自动将积分“清零”，实在是非常可惜。如今已经有人能够利用信用卡积分巧赚获益。下面我们就来看一个案例。

刘先生说自己买积分主要是为了能够兑换航空里程，“你们把积分给我，我把钱给你，咱们两清”。据说，刘先生凭借着累积的航空里程他去各家航空公司兑换免费机票，然后他再把机票卖出去，“我就赚差价”。刘先生为了确保自己的交易成功，通常都会事先在淘宝网上给卖家提供一个交易链接，在当确认积分转让成功后，刘先生就把约定好的款项转给卖家。于是闲置的积分成了白花花的银子。在刘先生的交易记录上，几乎每天都会有人在卖信用卡积分，从几千分到数百万分不等，涉及的银行包括工行、中行、民生、兴业等，航空公司则有海航、南航、国航等。

当刘先生有了从全国各地收购来的积分，还是得琢磨怎样让它们产生效益。所以每天他一边不断地购买积分，一边也急着四处寻找下家。通常他用买来的积分兑换机票，成本也相当于 5 折，“所以我也就必须找到不低于这个折扣的买主，比如 6 折和 7 折的，同时他们还不需要拿机票去报账”。

找下家其实非常不容易，更重要的是风险很大。事实上，万一航空公司的里程换机票政策发生变化的话，花钱买来的积分也就会缩水，刘先生说：“甚至也有可能变成一串根本就没用的数字。”同时，每一个航班免费机票也就只有两张，现在做这个生意的人也是越来越多，“竞争激烈”。还有就是经常去航空公司换免费机票，难免会引起别人的怀疑，所以他们在私下还得“打点”。扣除其他各方面必需的开销，刘先生说他每个月的收入也就只有 1 万多元。

其实用信用卡还需要注意各家银行的积分规则是存在一定的差异的，大多数银行都是按照 1 元人民币计 1 分，1 美元计 10 分或 8 分，也有一些银行是 20 元人民币计 1 分，2 美元计 1 分。

这时需要注意了，倘若刷卡金额是 19 元之类，那么你就不妨再挑选一些小东西，凑满 20 元左右，不然的话这 19 元的消费可就拿不到积分了。大多数银行对在房地产、批发类、汽车销售类、公用事业、政府机构等消费是不算积分的。假如你不想把自己的积分拿来兑换礼物的话，你还可以把这些积分用来卖钱。

信用卡的使用误区

其实信用卡是一种贷记卡，我们大家也都知道它可以用来超前消费，可以透支使用，而且这些透支还有免息还款期，这也是大家所公认的好处。但其实它还有一些潜在的误区是有时候大家察觉不到的。

促销信用卡是“免费午餐”

信用卡不同于借记卡，银行可以直接在卡里扣款，如果卡内没有余额，就算作透支消费，超过免息期后，就会把免息期间的利息一同算上。若一直不交款将被视作恶意欠款，严重的还会构成诈骗罪。因此持卡者若不想继续持卡，应向银行主动申请注销。

异地刷卡免费

不少银行都发行了自己品牌的信用卡，并且提供了“异地外币刷卡，本地人民币还款”等多种异地、跨行的金融服务。针对异地刷卡费用，各家银行对于所提供的这种服务的收费标准不同。因此，持卡人打算在外地或者出国使用之前，无论是信用卡还是普通卡，一定要弄清楚自己享受的银行服务所需交纳的手续费。根据以往的事实来看，异地刷卡往往会给持卡人带来一些意外的支出。所以提醒消费者，不要被广告词中的一些“免费”等字眼所迷惑。

信用卡比现金更“安全”

目前国内的信用卡基本可以等同于现金在各个商家消费结算，因为许多银行发行的信用卡不设密码，而国内又没有一套全国通用的信用联网体系专为可透支的信用卡服务。因此，如果你的信用卡落在了别人手中，那就意味着会有比丢失储蓄卡更大的经济损失。如果发现自己的信用卡被盗，应及时进行挂失，以免信用卡被透支。

信用卡账号是公开信息

信用卡的持卡人不仅应该将卡收好，而且手中的对账单和密码通知单都要让银行寄到稳妥的地址，并且看过后不能随手乱扔。一般说来，客户在网上使用信用卡时，只需要提供卡号和有效期即可，谁偷窥了你的卡号，你的钱就有在网络中“消失”的危险。

提前存入款项待扣

每个月到银行还款太麻烦了，提前把钱存进信用卡内。这种做法是不可取的。一方面，往信用卡里存钱没有利息；还有一点更为重要的是，存入信用卡的钱，取出来却颇费周折。因为有些银行规定，用信用卡取现，无论是否属于透支额度，都要支付取现手续费。由此可见，在信用卡存现没有任何意义。

信用卡提现手续费不高

不要随便用信用卡提现金，除非是在万不得已的情况下。因为，信用卡的取现手续费用较高，有些甚至高达3%，也就是说取1000元，要缴纳给银行30元。

如果是应急，取现后也一定要尽快还款。因为各家银行都有规定，取现的资金从当天或者第二天就开始按每天万分之五的利率“利滚利”计息，这也是信用卡与借记卡的区别之一。

办信用卡有面子

有些人为了要面子在银行开展活动的时候一下子办理了几家银行的信用卡，与朋友出去吃饭的时候拿出来“炫耀”。一段时间后就把这些卡放在一边不用了。一般银行在促销期会开展办卡免年费等优惠活动，在第二年年费就要持卡人自己掏腰包了，如果你不用就要支付年费。而且还有的银行虽然免年费，但前提是刷卡到了规定次数或规定额度，若达不到要求，也要交年费。信用卡年费最高的高达300元，你要是一直不缴纳，银行就会“利滚利”地计息，你最后只能等到律师函，如果构成诈骗罪，就只能欲哭无泪了。所以，对于收入不是很高、用卡不多的年轻人还是把信用卡注销掉，省下这笔费用。

挂失非要到柜台

很多人在自己的银行卡被盗或者丢失的时候，第一个想到的是持身份证到银行挂失。然而，许多作案手段高明的犯罪分子在极短的时间内就能从卡中划转大量的资金，尤其是信用卡。

针对这种情况，信用卡中心的工作人员提示消费者，持卡人一旦丢卡后，首先选择通过各个银行的服务热线进行口头挂失。只提供持卡人的账号、身份证件号码及相关情况，就可以口头挂失。挂失后，银行的工作人员将在第一时间内为持卡人冻结账户资金，然后持卡人持有效证件去银行柜面正式挂失并补办卡手续，这样才能确保自己的账户安全。

第三节　股市淘金，高风险才有高回报

炒股要学点儿基本术语

1. 技术面

指反映股价变化的技术指标、走势形态及 K 线组合等。技术分析有三个前提假设，即市场行为包容一切信息；价格变化有一定的趋势或规律；历史会重演。由于认为市场行为包括了所有信息，那么对于宏观面、政策面等因素都可以忽略，而认为价格变化具有规律和历史会重演，就使得以历史交易数据判断未来趋势变得简单了。

2. 基本面

包括宏观经济运行态势和上市公司的基本情况。宏观经济运行态势反映出上市公司的整体经营业绩，也为上市公司进一步的发展确定了背景，因此宏观经济与上市公司及相应的股票价格有密切的关系。上市公司的基本面包括财务状况、盈利状况、市场占有率、经营管理体制、人才构成等各个方面。

3. 熊市

熊市与牛市相反。股票市场上卖出者多于买入者，股市行情看跌称为熊市。

4. 牛市

股票市场上买入者多于卖出者，股市行情看涨称为牛市。

5. 空头、空头市场

空头是投资者认为现时股价虽然较高，但对股市前景看坏，预计股价将会下跌，于是把股票及时卖出，待股价跌至某一价位时再买进，以获取差额收益。采用这种先卖出后买进、从中赚取差价的交易方式称为空头。人们通常把股价长期呈下跌趋势的股票市场称为空头市场，空头市场股价变化的特征是一连串的大跌小涨。

6. 多头、多头市场

多头是指投资者对股市看好，预计股价将会看涨，于是趁低价时买进股票，待股票上涨至某一价位时再卖出，以获取差额收益。一般来说，人们通常把股价长期保持上涨势头的股票市场称为多头市场。多头市场股价变化的主要特征是一连串的大涨小跌。

7. 利空

利空是指能够促使股价下跌的信息，如股票上市公司经营业绩恶化、银根紧缩、银行利率调高、经济衰退、通货膨胀、天灾人祸等，以及其他政治、经济、军事、外交等方面促使股价下跌的不利消息。

8. 利多

利多是指刺激股价上涨的信息，如股票上市公司经营业绩好转、银行利率降低、社会资金充足、银行信贷资金放宽、市场繁荣等，以及其他政治、经济、军事、外交等方面对股价上涨有利的信息。

9. 开盘价

开盘价是指某种证券在证券交易所每个营业日的第一笔交易，第一笔交易的成交价即为当日开盘价。按上海证券交易所规定，如开市后半小时内某证券无成交，则以前一天的收盘价为当日开盘价。

10. 收盘价

收盘价是指某种证券在证券交易所一天交易活动结束前的最后一笔交易的成交价格。如当日没有成交，则采用最近一次的成交价格作为收盘价。

11. 除息

是由于公司股东分配红利，每股股票所代表的企业实际价值（每股净资产）有所减少，需要在发生该事实之后从股票市场价格中剔除这部分因素，而形成的剔除行为。

12. 除权

是由于公司股本增加，每股股票所代表的企业实际价值（每股净资产）有所减少，需要在发生该事实之后从股票市场价格中剔除这部分因素，而形成的剔除行为。

13. 贴权

是指在除权除息后的一段时间里，如果多数人不看好该股，交易市价低于除权（除息）基准价，即股价比除权除息前有所下降，则为贴权。

14. 填权

是指在除权除息后的一段时间里，如果多数人对该股看好，该只股票交易市价高于除权（除息）基准价，即股价比除权除息前有所上涨，这种行情称为填权。

15. 洗盘

主力先把股价大幅度杀低，使大批小额股票投资者（散户）产生恐慌而抛售股票，然后再把股价抬高，以便乘机获利。

16. 支撑线

股市受利空信息的影响，股价跌至某一价位时，做空头的认为有利可图，大量买进股票，使股价不再下跌，甚至出现回升趋势。股价下跌时的关卡称为支撑线。

17. 整理

股市上的股价经过大幅度迅速上涨或下跌后，遇到阻力线或支撑线，原先上涨或下跌趋势明显放慢，开始出现幅度为 15% 左右的上下跳动，并持续一段时间，这种现象称为整理。多空激烈互斗而产生了跳动价位，也是下一次股价大变动的前奏。

18. 套牢

是指进行股票交易时所遭遇的交易风险。例如，投资者预计股价将上涨，但在买进后股价却一直呈下跌趋势，这种现象称为套牢。

19. 反弹

在股市上，股价呈不断下跌趋势，终因股价下跌速度过快而反转回升到某一价位的调整现象称为反弹。一般来说，股票的反弹幅度要比下跌幅度小，通常是反弹到前一次下跌幅度的三分之一左右时，又恢复原来的下跌趋势。

学会看盘，炒股要有全局意识

1. 怎么看盘

看盘主要应着眼于股指及个股的未来趋向的判断，大盘的研判一般从以下四方面来考量。

（1）股指与个股方面选择的研判（观察股指与大部分个股运行趋向是否一致）。

（2）掌握市场节奏，高抛低吸，降低持仓成本（这一点尤为重要），本文主要对个股研判进行探讨。

（3）盘面股指（走弱或走强）背后的隐性信息。

（4）一般理解，看盘需要关注开盘、收盘、盘中走势、挂单价格、挂单数量、成交价格、成交数量与交投时间等，但这只是传统认知。

2. 看盘技巧

看盘技巧对于喜欢短线操作的投资者来说是十分重要的。看盘并不只是看懂了股市处于什么状态就万事大吉了，更重要的是要学会透过现象看本质，学会综合盘面上的各种信息进行独立的分析、总结并能够做出正确的判断。

要做到准确地分析盘面的变化，首先应知道主力是如何做盘的。充分了解主力的做盘手法，必然能把握盘面的变化，从而进行正确的操作，获得丰厚的收益。

主力在盘口的任何动作都有三种目的：拉抬、洗盘、出货。要在盘口变化中读懂具体动作的含义，是实战中不可缺少的基本功。

3. 炒股的全局意识

炒股的全局意识主要体现在两个方面。

其一，重时点，更要重过程。

在股市里，投资者比较注重股票在某一时间里的价格，比如最低点和最高点、支撑位和压力位等。这些点位当然很重要，但相对于股指或股价运行的全过程来说，这些又不是最重要的了。

其二，重个股，更要重大势。

没有几只股票能够逆势上扬，就算偶尔遇到，也不敢买进，因为它的风险性大，下跌的概率很大。所以在大盘不稳的情况下，想要冒险出击，在看重个股的同时，更应看重大盘的走势。

4. 如何培养全局意识

全局意识在股票投资中简而言之就是：洞悉全局——看

得明白，权衡利弊——想得明白，掌控未来——做得明白。全局意识是每一位优秀投资者不可缺少的基本素养。培养全局意识应从以下三方面着手。

首先，需要从心态和性格上培养。稳定的心态可以沉着应对风险和机遇。坚毅的性格能够克服成功道路上的“障碍”。宽广的胸襟能够“看”得更远。

其次，需要在市场中磨炼和积累知识经验。多方向、多层次地吸收一切有用的知识，学习总结前人失败的教训，不断丰富自己的经验和阅历。这些是深层次分析问题的源头。

最后，培养正确的思维方式。如果一名投资者如果连“如何看问题”都没有学会，那就更谈不上“权衡”二字了。所谓权衡，就是全面细致地分析比较。在头脑冷静的前提下权衡的结果就是：寻找趋势→挖掘趋势→引导趋势→顺应趋势。会顺应趋势的投资者可以屹立于不败之地，学会寻找趋势、挖掘趋势、引导趋势方能叱咤股海。

新股民入市的十大守则

新股民入市要遵循下面的十大守则。

①入市初期，不要立即实盘操作。

新股民最好先进行一段时间的模拟操作，在完全没风险的情况下熟悉市场的环境。投资者在学习了一定的投资理论以后更需要进行大量的模拟操作来锻炼实际动手能力。模拟操作成本低、无风险，非常适合初学者为实盘操作打基础。

②不要借债，不要透支。

现实中，绝大多数投资者是不会因为炒股而破产的，如果投资者是以自有资金入市，就算遭遇类似银广夏、亿安科技那样最恐怖的下跌，也不会赔光本金。但是，透支则不同，透支在成倍地放大投资收益的同时，也成倍地放大风险。透支还会加重投资者的心理压力，使投资者的心理天平严重失衡，容易导致分析出现偏差，决策出现失误。其他如挪用公款或借债炒股等方式和透支的情况是一样的，很容易导致投资者破产。

③不要对股市期望过高。

不要定下高不可攀的投资目标。新股民进入股市的时间通常集中于牛市的后期，因为这时有大量的老股民取得了一些投资收益,赚钱的财富效应强烈地刺激新股民的入市意愿。

所以，新股民常在牛市后期进入股市，这时的市场往往比较活跃，加上新股民谨小慎微，稍有盈利就立即兑现：这一时期，新股民获利数额虽不大，但获利概率甚至能超过老股民，有些新股民由此产生轻视股市的想法，认为股市很容易赚钱。于是，他们会制定出不符合市场实际情况的目标利润，等到市场转入弱市时，他们为实现原定目标，不顾实际情况地逆市操作，常常因此蒙受重大损失。

④不要听小道消息炒股。

股市中的政策和消息确实是决定股价走势的重要因素之一，尽管法律上严禁利用内幕消息炒股，但投资者常常能看到许多股票在利好公布前就已经出现飙升行情。但是，消息的扩散程度和消息的有效性是成反比的，连普通散户都知晓的消息往往已经毫无利用价值，甚至有的消息就是庄家释放出来的烟幕弹，用于掩盖其出货的本质。新股民刚刚进入股市，缺乏长久稳定盈利的经验和技巧，常常将获利的希望寄托在所谓的内幕消息上，在对消息没有辩证分析能力的情况下，极易跌入消息的陷阱中。

⑤不要有侥幸的赌博心理。

新股民在股市中研判行情的能力较弱，同时又急于赚钱，他们在还没有对最近一段时间的行情演变进行认真跟踪研究的情况下，就贸然地投入资金，买卖操作。卖出时，总担心股市会大涨，而买入时又担心出现下跌；空仓时怕踏空，满仓又怕套牢。

选股就像是押宝，看哪只股票名称好听就选哪只，甚至还有新股民为了图吉利，选股只选尾数带“8”的。这样的新股民，对股市当前的市场环境和未来发展趋势没有清晰的认识，与其说他们在炒股，不如说他们是在赌博，亏损对他们来说，是必然的结果。

⑥认真系统地学习相关知识。

这是新股民在证券市场中立足的根本之道。新股民进入股市的第一件事情不是开户后立即买进卖出，而是要熟悉证券市场中基础的游戏规则，大到国家的法律法规、证券市场的基本运行规律、股票的各种基础知识，小到证券公司的具体规章制度和如何实际交易等常识。如果了解不深，常常会造成无谓的损失。

⑦坚强不屈，百折不挠。

许多新股民在经历过一轮熊市后，往往容易对股市产生畏惧心理，打算一旦保本就从此退出市场。事实上在熊市中经历被套、失败、挫折等是每一位投资者迈向成熟的必经之路，失败的经历是一笔尚未兑现的财富，它所积累的动能将使投资者在未来的市场获取稳定的收益，如果畏难而退，那么，以前所取得的经验和能力均前功尽弃。

⑧勇于认错，知错就改。

投资股票不可能百战百胜，偶尔出现失误在所难免，如果投资者在处境不利时，不及时认错并纠正，而是赌气地逆市操作，结果将会像螳臂当车一样被市场前进的车轮压碎。因此，在出现错误时，关键是要及时地认识错误、纠正错误，千万不能将小的失误酿成大的损失。股市中永远都有机会，只要留得青山在，就一定有获利翻身的机会。

⑨要重视修身养性。

证券市场需要入市的投资者具有优良的心理素质和周密的逻辑思维能力。新股民要认识到修身养性对股市投资的重要性，注意培养自己高尚的品行、良好的性格、高瞻远瞩的思维和健康的身体。只有这样才能在风云变幻的股市中始终保持理性的投资行为，不会因为股市的暴涨而冲动，不会因为股市的暴跌而恐慌。

⑩要有风险意识。

新股民在入市前经常听到老股民自吹自擂地谈论在股市中如何轻松获取丰硕战果的事迹，殊不知，许多老股民为了面子常常报喜不报忧，而任何股民在股市中时间长了，多少都会有一些辉煌战绩。

新股民不了解实际情况，以为股市是聚宝盆，投入一颗种子，就能长出一株摇钱树。因此，他们往往在对股市中的风险缺乏客观认识的基础上，带着发财的梦想进入股市，希望能成为巴菲特那样的股市富豪。事实上，对于每一个投资者来说，股市中既充满机遇，又充满陷阱，投资者进入股市要多一些风险意识，少一些盲目冲动。

网上炒股的注意事项

1.“五毒四害十提醒”

（1）五毒。

①病毒木马攻击。木马程序是指潜伏在电脑中，受外部用户控制以窃取本机信息或者控制权的程序。当前，很多木马对股民表现出浓厚的兴趣，试图通过操纵股民账户牟利，其基本原则是“只偷窃不破坏”，因此有着很大的隐蔽性。比如证券大盗、网银大盗等。

②执行档型病毒。这种病毒会感染执行档。这种病毒有一小部分非常具有破坏性，会在预设的时间企图将硬盘格式

化或执行一些恶意动作，导致电脑严重损坏。如果病毒已经覆盖一部分程序码，则原始档案将无法复原。比如熊猫烧香变种。

③蠕虫病毒。该病毒是利用网络进行复制和传播，传染途径是通过网络和电子邮件。蠕虫病毒可自动完成复制过程，并可大量复制，不仅使网络堵塞，还使股民浏览网页需要花费两倍以上的时间。典型的有金刚变种 A、猪头。

④后门程式。不少网络安全专家都预言，后门程式将取代病毒，成为电脑用户的最大威胁。网络上随手可得的后门程式，瞬间就可以让黑客如入无人之境，而病毒加后门程式的联合攻击方式，已成为新趋势。典型的有灰鸽子及其变种。

⑤间谍软件。间谍软件可以在股民用户毫不知情的情况下，在其电脑上安装后门、收集信息的软件，可窃取股民私人信息，包括账号、密码，而股民却难以察觉。典型的有网络神偷。

（2）四害。

网络钓鱼、黑客入侵、流氓软件、垃圾邮件这“四害”也是需要广大股民认真警惕和防范的。

（3）十提醒。

①网上炒股必须安装功能强大、能迅速杀灭五类病毒、抵御四害侵犯的杀毒软件，并且每天至少升级一次。

②定时清除流氓软件和垃圾邮件。

③必须打开杀毒软件的实时监控和个人防火墙。

④使用安全性强的网络银行专业版进行交易。

⑤必须到证券机构的官方网站下载炒股软件。

⑥充分利用个人防火墙的“密码保护”功能。

⑦设置较为复杂的密码。

⑧尽量不要在公共电脑上炒股。

⑨删除来路不明的邮件、网页。

⑩不要相信即时通信工具陌生人发来的应用程序、链接地址；不浏览陌生网站，防止病毒利用IE漏洞进行传播。

2.“八项注意”

（1）正确设置交易密码。网上炒股者必须高度重视网上交易密码的保管，因为一旦证券交易密码泄露，就会严重影响个人资金和股票的安全。

（2）谨慎操作。在输入网上买入或卖出信息时，一定要仔细核对股票代码、价位的元角分及买入或卖出选项后，才能点击确认。

（3）及时查询、确认买卖指令。由于网络运行的不稳定性等因素，每项委托操作完毕后，应立即利用网上交易的查询选项，对发出的交易指令进行查询，以确认委托是否被券商受理和是否已成交。

（4）切记退出交易系统。交易系统使用完毕后如不及时退出，有时可能会造成交易指令的误发或账户资金损失。

（5）不过分依赖系统数据。在判断股票的盈亏时应以个人记录或交割单的实际信息为准。

（6）关注网上炒股的优惠举措。大家要关注这些信息，并以此作为选择券商和网络公司的条件之一，不选贵的，只选实惠的。

（7）做好防黑防毒。安装必要的防黑防毒软件是确保网上炒股安全的重要手段。

（8）同时开通电话委托。电话委托作为网上证券交易的补充，可以在网上交易暂不能使用时，解燃眉之急。

如何控制股票投资的风险

股票市场是一个高风险的市场，其价格具有很大的波动性和不确定性，要对其准确预测难度相当高。难怪股神巴菲特说：“投资的第一条法则是：永远不要亏损；第二条法则是：永远不要忘记第一条。”对于投资者来说，该如何控制和规避投资的风险呢？

1. 控制风险应遵循的原则

炒股其实是一把双刃剑，既可能给你带来巨大的收益，同时也可能给你带来巨大损失。有很多投资者由于对炒股风险的认识不足、控制不力，最终由赚钱而走向亏损。有两类人不能炒股：一类为没有充分认识投资风险的人，另一类为没有学会控制风险、规避风险、化解风险的人。

控制股票风险应遵循如下原则。

其一，了解股市中的各种情况，研判行情的未来发展趋势和个股的运行规律。认真选好股，等待趋势转强。

其二，不盲目、无计划地买卖，如有获利的筹码要及时兑现利润，深度套牢的股票需要等待。

其三，若投资者对市场的研判符合股市客观运行态势时，可以根据当时情况，适当加重仓位。

2. 股票投资风险防范的方法

（1）分散系统风险。

股市有句谚语：“不要把鸡蛋都放在一个篮子里。”道出了分散风险的哲理。分散包括四个方面。

第一，行业选择分散。股票投资不仅要对不同的公司分散投资，而且这些不同的公司也不宜都是同行业的或相邻行业的，最好是有一部分或都是不同行业的。只有不同行业、不相关的企业才有可能有效地分散风险。

第二，投资资金单位的分散。研究者发现，若把资金平均分散到数家乃至许多家任意选出的公司股票上，总的投资风险就会大大降低。采取分散投资的方法即使有不测风云，也会“东方不亮西方亮”，不至于“全军覆没”。

第三，季节的分散。股票的价格，在股市的淡旺季会有较大的差异。在不能预测股票淡旺程度的情况下，应把投资或收回投资的时间拉长，不急于向股市注入资本或抽回资金，用更长的时间来完成此项购入或卖出计划，以降低风险程度。

第四，时间的分散。只要股份公司盈利，股票持有人就会定期收到公司发放的股息与红利，短期投资宜在发息日之前大批购入该股票，在获得股息和其他好处后，再将所持股票转手；而长期投资者则不宜在这期间购买该股票。所以，投资者应根据投资的不同目的而分散自己的投资时间，以便将风险分散在不同阶段上。

（2）防范经营风险。

在购买股票前，要认真分析某企业或公司的财务报告，研究它现在的经营情况，以及在竞争中的地位和以往的盈利情况。如果能把收益持续增长、发展计划切实可行的企业当做股票投资对象，和那些经营状况不良的企业或公司保持一定的投资距离，就能较好地防范经营风险。

（3）回避市场风险。

市场风险来自各种因素，需要综合运用回避方法。

第一，掌握趋势。对每种股票价位变动的历史数据进行详细的分析，从中了解其循环变动的规律，了解其收益的持续增长能力。

第二，选择买卖时机。以股价变化的历史数据为基础，算出标准误差，并以此作为选择买卖时机的一般标准，当股价低于标准误差下限时，可以购进股票，当股价高于标准误差上限时，最好把手头的股票卖掉。

第三，搭配周期股。有的企业受其自身的经营限制，一年里总有那么一段时间停工停产，其股价在这段时间里大多会下跌，为了避免因股价下跌而造成的损失，可策略性地购入另一些开工、停工刚好相反的股票进行组合，互相弥补股价可能下跌所造成的损失。

第四，注意投资期。企业的经营状况往往呈一定的周期性，经济气候好时，股市交易活跃；经济气候不好时，股市交易必然凋零。要注意不要把股市淡季作为大宗股票投资期。因此，要正确地判定当时经济状况在兴衰循环中所处的地位，把握好投资期限。

（4）避免利率风险。

尽量了解企业营运资金中自有成分的比例，利率趋高时，一般要少买或不买借款较多的企业股票；利率波动变化难以捉摸时，应优先购买那些自有资金较多企业的股票，这样就可基本上避免利率风险。

（5）避开购买力风险。

在通货膨胀期内，应留意市场上价格上涨幅度高的商品，从生产该类商品的企业中挑选出获利水平和能力高的企业来。当通货膨胀率异常高时，应把保值作为首要因素，如果能购买到保值产品的股票（如黄金开采公司、金银器制造公司等股票），就可避开通货膨胀带来的购买力风险。

挑选股票的基本原则

其实在股票市场上，每只股票都有自己的特点，要想挑选出质量好的股票，就应当有一个挑选的准则。

1. 买股就买“精品股”

股票并不在多，而在于质量。“精品股”的发展潜力大，利润回报高。

2. 投资熟悉的股票

熟悉企业的经营情况，将使投资风险大大降低，但买一堆不熟悉的股票，则会加大你的投资风险。为了遵循稳妥的投资原则，应适当观察几个企业，根据自己的熟悉程度决定是否投资。

3. 价格低时买入

股价不是一成不变的，它往往在很多因素的影响下上下波动。股价有跌就有涨，这也是投资者能够投资获利的原因。“低价买入，高价卖出”是股市投资的基本原则。成功的投资者都会耐心等待，在看到股票价格低于实际价值时，就抓住时机，赶紧买入。

4. 耐心谨慎

不应当将股票投资当做是一朝一夕的事情，想要在进进出出的股市上成为掌握财富的那一小部分人，应该练就耐心和谨慎的本领。耐心地等待最好的时机，再果断出手。

5. 不盲从，不借债

盲目地跟随别人，无法得到自己的财富。许多富人说，自己的成功法则是逆流投资。越脱离大众的思维，越可能寻找到成功的捷径。而借债投资，会增加你投资的风险，即便你能得到复利，也会受到双层风险的威胁。

6. 要有风险意识，善于分散风险

如果想要进行股票投资，尤其要小心谨慎，不能把所有钱都投资在一只股票上，最好能分散在几只股票上，从而分散风险。

合适的投资组合

如何做好投资组合，使它能真正帮助我们规避股市风险、投资获利？

首先，可以根据自己的风险承受能力来选择投资组合。

在股市上，很多人虽然人在股市，但是性格趋向保守，因此从本质上看还是风险厌恶者。他们不愿意冒大的风险，所以会选择分散投资。从规避风险上看，分散投资相对安全。可同时也要看到，分散投资基本上获利平平，只能获得大众化的利润，同大家一样分到一块小蛋糕。

另外一种人，就是风险爱好者，他们不怕风险，积极投资，敢于采取集中的策略。身为集中组合的推崇者，他们面对的风险和收益都很大，但是如果能抓准时机，果断投资，那他们得到的将是一块大蛋糕。

个人的性格不同，最好的方法就是根据自己的实际情况来决定投资组合，不要盲目模仿。

其次，要规划自己的投资组合。

需要知道自己买了哪些股票，以及如何配置它们之间的份额。下面我们就为你提供一些建议。

第一，你的组合中一定要有至少一家是自己熟悉的公司的股票。华尔街的投资大师彼得·林奇曾说，富有的人实际上致富靠的不过就是几只股票，而这几只往往也就是其最熟悉公司的股票。

第二，你的组合里应有一家经营简单易懂、消费弹性不大的公司的股票。日常生活中，有很多消费品的消费弹性不大，没有什么替代品或者人们对它的需求变动不大。比如说剃须刀公司、生活日用品公司，这些你都可以尝试投资。并且这类公司一般经营情况也简单易懂，发展前景很好掌握。

股票的几种投资策略

股票投资，也有其相应的策略，以下就介绍几种股票投资的策略，希望对你的股票交易有所帮助。

1. 顺势投资

顺势投资是灵活的跟“风”、反“零股交易”的投资股票技巧，即当股市走势良好时，宜做多头交易，反之做空头交易。但顺势投资需要注意的一点是：时刻注意股价上升或下降、是否已达顶峰或低谷，如果确信真的已达此点，那么做法就应与“顺势”的做法相反，这样投资者便可以出其不意而获先见之“利”。投资者在采用顺势投资法时应注意两点：是否真涨或真跌；是否已到转折点。

2. “拔档子”

采用“拔档子”投资方式是多头降低成本、保存实力的操作方法之一。也就是投资者在股价上涨时先卖出自已持有的股票，等价位有所下降后再补回来的一种投资技巧。“拔档子”的好处在于可以在短时间内挣得差价，使投资者的资金实现一个小小的积累。

“拔档子”的目的有两个：一是行情看涨卖出、回落后补进；二是行情看跌卖出、再跌后买进。前者是多头推进股价上升时转为空头，希望股价下降再做多头；后者是被套的多头或败阵的多头趁股价尚未太低抛出，待再降后买回。

3. 保本投资

保本投资主要用于经济下滑、通货膨胀、行情不明时。保本即投资者不想亏掉最后可获得的利益。这个“本”比投资者的预期报酬要低得多,但最重要的是没有“伤”到最根本的资金。

4. 摊平投资与上档加码

摊平投资就是投资者买进某只股票后发现该股票在持续下跌，那么，在降到一定程度后再买进一批，这样总平均买价就比第一次购买时的买价低。上档加码指在买进股票后，股价上升了，可再加码买进一些，以使股数增加，从而增加利润。上档加码与摊平投资的一个共同特点是：不把资金一次投入，而是将资金分批投入，稳扎稳打。

摊平投资一般有以下几种方法：

（1）逐次平均买进摊平，即投资者将资金平均分为几份，一般至少是三份，第一次买进股票只用总资金的 1/3。若行情上涨，投资者可以获利；若行情下跌了，第二次再买，仍是只用资金的1/3，如果行情升到第一次的水平，便可获利。若第二次买后仍下跌，第三次再买，用去最后的 1/3 资金。一般说来，第三次买进后股价很可能要升起来，因而投资者应耐心等待股价回升。

（2）加倍买进摊平，即投资者第一次买进后行情下降，则第二次加倍买进，若第二次买进后行情仍旧下跌，则第三次再加倍买进。因为股价不可能总是下跌，所以加倍再买一次到两次后，通常情况下股票价格就会上升，这样投资者即可获得收益。

第四节　期货投资，冒险家的选择

了解期货交易常用语

要想在期货交易中如鱼得水，就要了解期货交易常用语。

保证金：指期货交易者开仓和持仓时须交纳的一定标准比例的资金，用于结算和保证履约。

开仓：开始买入或卖出期货合约的交易行为称为“开仓”或“建立交易部位”。

持仓量：某商品期货未平仓合约的数量。

平仓：卖出以前买入开仓的交易部位，或买入以前卖出开仓的交易部位。

穿仓：指期货交易账户中：浮动赢亏＝总资金－持仓保证金，即客户账户中客户权益为负值的风险状况，也即是客户不仅将开仓前账户上的保证金全部亏掉，而且还倒欠期货公司的钱。

移仓：由于期货合约有到期日，若想长期持有，需通过买卖操作将所持头寸同方向的由一个月份移至另一个月份。

期货合约：由期货交易所统一定制定，规定在将来某一特定的时间和地点交割一定数量和质量实物商品或金融商品的标准化合约。

主力合约：某品种系列期货合约中成交最活跃或持仓量最大的合约。

交割：指期货合约到期时，根据期货交易所的规则和程序，交易双方通过该期合约所载商品所有权的转移，了解到期未平仓合约的过程。

现货月：离交割期最近的期货合约月份，又称交割月。

结算价：以交易量为权重，加权平均后的成交价格。

结算：只根据期货交易所公布的结算价格对交易双方的交易赢亏状况进行的资金清算。

出市代表：又称“红马甲”，指证券交易所内的证券交易员。在早期没有远程自助交易，所有的客户交易指令都要先通过电话报给交易员，再由交易员敲进交易所的交易主机内才最后成交。

升（贴）水：①指某一商品不同交割月份间的价格关系。当某月价格高于另一月份价格时，我们称为高价格月份对较低价格月份升水，反之则成为贴水；②当某商品的现货价格高于该商品的期货价格时，亦称之为现货升水；反之则称之为现货贴水；③交易所条例所允许的，对高于（或低于）期货合约交割标准的商品所支付的额外费用。

期货交易技巧

“闲钱投机，赢钱投资”，这应该是每一投资者的座右铭。同样期货交易也要遵守这个法则。对于市场突如其来的变化，一定要控制情绪，沉着应对。下面我们就具体了解一下期货交易的技巧。

1. 要顺势而行

其实很多的交易者最容易犯的错误就是从本身的主观愿望出发买卖，明明大市气势如虹，一浪比一浪高的上涨，却猜想已到行情的顶部，强行去抛空；眼看走势卖压如山，一级比一级下滑，却以为马上要反弹了，这样贸然买入的话，结果当然是深陷泥淖，惨被套牢。

顺市而行要转身快。没有只升不跌的市，也没有只跌不升的势。原来顺而行，一旦行情发生大转折，不立即掉头，“顺而行”就会变成“逆而行”。一定要随机应变，认赔转向，迅速化逆为顺，顺应大市，才能重新踏上坦途。

事实上行情向上升或者向下滑的时候，这本身其实也已经揭示了买卖双方的力量对比。向上表示买方是强者；向下显示卖方占优势。常言道：“识时务者为俊杰”，我们如果顺着大市涨跌去买或卖，就是站在强者一边，大势所趋，人心所向，胜算自然较高。相反，以一已“希望”与大市现实背道而驰，等于同强者作对，螳臂当车，哪有不被压扁之理！我们就以外汇为例，全球一天成交量在 1 万亿美元以上，就算你投入几千万美元开户做买卖，都不过是沧海一粟，兴风作浪没资格，跟风赚点才是上策。

2. 冲破前市高低点

通常一个成功的交易者，对大势不作主观臆断，并不是“希望”大势怎样走，而是大势教自己去跟。一个秘诀其实也就是从冲破前市高低点去寻求买卖的启示。

冲破上日最高价就买入，跌破上日最低价就卖出；升过上周最高点就入货，低于上周最低点就出货；涨越一个月之顶就做多头，跌穿一个月的底就做空头。

通常我们所说的“顺势而行”其实就是期货买卖的重要原则，但是最难掌握的却是对大势的判断。别说整个大走势呈现出曲折的、波浪式的轨迹，就以即时走势来说，升升跌跌，也是相当曲折。

事实上期货走势是千变万化、错综复杂的。冲破前市的高低点决定买卖也并不是次次都能灵验的。低开高收，高开低收，什么样的事情都会发生。但是历史的经验总结下来，十次有六次通常是这样就值得参考采用了。

3. 重势不重价

每个人都一样，我们在现实生活当中的购物心理总是会希望能够便宜些，售货心理总是希望卖得昂贵些。而很多的期货交易者之所以会赔钱，事实上也正是由于抱着这种购物、售货心理，重价不重势，犯了做期货的兵家大忌。

期货买卖是建立在这样的基础上：通常价格现在看来是便宜的，但是预计未来的价格趋势会变得昂贵，所以为了将来的昂贵而买入；价格现在看来是昂贵的，但预期未来的价格趋势会变得便宜，因此为了将来的便宜而卖出。

其实所谓“重势不重价”，全部的意义也就在于，买卖要着眼将来，而不是现在！

4. 不要因小失大

其实许多交易者在期货买卖操作中，总是会过于计较价位，买入的时候非要降低几个价不可，卖出的时候却总想着卖高几个价才称心。这种做法往往因小失大，错失良机。

一定要记住不要太计较价位，这其实并不等于鼓励盲目追市。盲目追市是指涨势将尽时才见高追买或跌势将止时才见低追卖；不要太计较价位是指一个涨势或跌势刚确认时，大刀阔斧入市，属掌握先机，两者是不同的概念，不能混淆。

事实上，计较价位有一个危险，就是非常容易导致逆市而行。因为在一个涨势中，如果你非要等便宜一点才买的话，只有走势回跌时才有机会；而这一回跌，可能是技术性调整，也或许是一个转势，让你买到便宜货不一定是好事。反过来，在一个跌势当中，如果你硬要坚持高一点才卖空，也就是要走势反弹时才有机会，而这一反弹，或许就是大跌小回，也可能是转市，让你卖到高价也不知是福是祸。贪芝麻丢西瓜往往在这种情形下发生。

期货投资的策略

选择一个好的策略是投资成功的重要因素，学会期货市场的投资策略是进入期货投资市场的必修课。期货市场的投资策略主要分为有投机策略、跨期套利策略、期货现货套利策略三种。

1. 投机策略

期货市场中的投机策略包括最主要的两个问题：入市方向和入市时机。入市方向又涉及期货价格走势的预测，包括长期走势和短期走势预测；入市时机只涉及对期货价格波动的规律的认识。

（1）入市方向。对于期货入市方向的选择，要分析基本面因素、技术面因素、长线投机、短线投机。

（2）入市时机。无论长线投机、短线投机，期货投资入市时机的选择均结合基本面，以技术分析为主。

选择在何时入市，运用图表分析法可以充分发挥作用。有时基本因素分析表明，从长期看期货价格会上涨(或下跌)，但当时的市场行情却在步步下滑（或升攀），这时可能是某些短期因素对行情具有决定性的影响，使价格变动方向与长期趋势出现暂时的背离；也可能是基本分析出现了偏差，过高地估计了某些因素。不管发生了哪种情况，投资者均要对其分析进行检验。如果检验后无误，价格在长期仍将上升(或下跌），就等到市场行情逆转，与基本分析的结论相符时再入市买入（或卖出）合约。因此，投资者在期货市场的变化趋势不明朗，或不能判定市场发展趋势时就不要建仓。只有在市场趋势明确上升时才买入，在市场趋势明确下降时再卖出。

长线投机者可以选择远期合约。这是因为远期合约处于不活跃状态，价格可能比较合适，可以用稍长的时间去建仓。

短线投机者则应该选择近期活跃月份，这样进出市场的成本较低，入市也才会便利。

2. 跨期套利策略

跨期指套利的操作方式是根据不同合约月份的价格关

系，买入一个合约的同时卖出数量相等的另一个合约，在有利时将两个合约同时对冲平仓获利。

不同合约月份的价格通常会存在价差的变化，同向不同幅度变化是经常现象。因此，当一个合约和另一个合约的价格比较，出现不正常价差时，可以买入价格相对较低的合约，卖出价格相对较高的合约。当价差趋于合理时可以平仓套利，持仓盈利。

假若两个合约的价格同时上涨，但买入的合约上涨幅度大于卖出的合约，则盈利，小于则亏损；假若买入的合约价格不变，卖出的合约价格上涨，则亏损，下跌则盈利；假若同时下跌，买入的合约下跌幅度大于卖出的合约，则亏损，小于则盈利；假若卖出的合约价格不变，买入的价格上涨，则盈利，小于则亏损；假若两个合约月份的价格都不波动、同幅度上涨、同幅度下跌，投资者无盈利。由此可知，根据两个合约月份的价差变化趋势进行操作即可跨期套利。单方向投机的风险大于跨期套利的风险，所以，跨期套利成为一些投资者常用的交易策略。

其一，牛市跨期套利。投资者在买入近期月份合约的同时，卖出远期月份合约需要的具备的条件是：正向市场中，当合约价差大于交割仓单成本时，导致远期月份合约价格的上升幅度小于近期月份合约，或者远期月份合约价格的下降幅度大于近期月份合约。这时就可进行牛市套利。如果价差不缩小，考虑交割对主体的要求后通过仓单交割方式获利。

其二，熊市跨期套利。投资者在卖出近期合约的同时，买入远期合约而进行熊市套利的原则是：在反向市场上，远期月份和近期月份价差超过正常水平，则会导致远期合约价格的跌幅小于近期合约，或者远期合约价格的涨幅大于近期合约。

跨期套利存在的作用是保证合约的价格差趋于合理。期货市场为鼓励此种交易行为，为此专门制定了有关跨期套利的管理办法，对跨期套利在交易中给予优待。

三、期货现货套利策略

怎样在期货与现货之间进行套利呢？当现货价格低于期货价格时，投资者就可以从现货市场买进商品再到期货市场卖出，其方法是交割月临近时，将现货注册成标准化的仓单后，在期货市场交割获利。但是，期货、现货套利过程中也有一些要注意的问题。

第一，交割商品的质量要严格执行规定的标准。期货市场对质量标准的要求极为严格，因为涉及买卖双方的利益，而买卖双方又互不见面，目前对期货交割检验又实行国家公检制度，有关检验机构会严格执行规定的标准。所以要由交割仓库对交割质量负责，确保交割顺利进行。

第二，交割货物的价格必须达到国家有关标准。期货市场交割的商品和现货市场不同，它必须符合交割品的有关规定，如果不符合就不能交割。由于一些初入市的投资者对期货交割规则不熟悉，按现货商务处理的方式进行，往往等到货物到了交割仓库后才发现货物不能降价交割。

第三，交割成本核算低于期现货价格差。由于期货交割实行定点交割仓库制度，除货物购入价外，还需花费一定的交割成本。其中包括期货交易费、配合公检费、卸车费、短途运费、交割费、税收资金利息和一些人员差旅杂费等。

期货投资就像打仗，要分析之后决定什么时候该用什么策略，只有做好对战局的精心布局，这样你才能打赢期货投资这场仗。

期货交易，技巧是关键

期货交易灵活多变，要想赢利讲究技巧是关键。在期货交易市场中的每个交易者都有一套自己的交易策略、交易理念、具体的交易方法。虽然如此做期货成功的人也没有超过25%。但那些25%的人又是怎么做到在期货交易中累积上百万美元的利润呢？他们为什么就能如此的不同呢？人们开始竞相研究这些百万富豪遵循的买卖规则，可研究来研究去，这些规则都是大家熟知的啊，为什么人家就可以赚钱呢？关键在于他们对期货规则内涵的深入了解和灵活运用。而不是像某些投资者只是依据对规则的一知半解就来进行分析和交易。来看看下面这则实例。

邢伟在12月3日做多了新鲜蔬菜，做多的理由是：新年马上就要到了，不久后还有春节，那么蔬菜需求肯定多。需求多，价格肯定会大涨。结果邢伟买后只微微上涨了3天，然后就停止步伐，随后开始大幅下跌，后来他在26号出局，买入资金亏损了30%。

那么接下来我们来看看他的交易理由是否能站住脚吧。投资动机要靠基本分析，什么是基本分析？就定义来说基本分析就是在具备丰富的专业知识和分析能力下，对市场供求变化、经济形势及政治形势与期货市场的关系进行的分析。从这个定义看来，邢伟进行的就不是基本分析，一没有翔实可靠的数据和需求统计资料，二没有影响价格变动的各种供求因素及之间相互作用的关系，他根据的只是个人的主观想象和猜测。另外，更重要的是基本分析只能提供一个大的方向，从来不会提供具体的起始时间。所以，按照邢伟的分析，蔬菜确实可能会上涨，可是到底哪天开始上涨？以什么方式上涨？这些我们在12月2日都是无从知道的。我们敢肯定地说，如果过后蔬菜又涨起来了，邢伟一定会后悔，觉得自己的判断没有错，将一切损失都归咎于心态不好，如果不放弃一直抱着，那么现在不仅不亏损，反而会盈利很多呢！

就是因为投资者对投资知识理解得不透彻，才使交易以失败告终。如何才能成为那25%的成功者中的一员，就让我们来看看以下期货交易高手的期货交易心得吧。

1. 闲钱投机，赢钱投资

用来投资的，必须是你可以赔得起的闲钱。不要动用生活必须的资金或财产，如果是以家计中的资金来从事期货投资而失败也是有因可查的，因为你从来就没有从容过，思前想后，左顾右盼早就错失了赢钱的时机。在投资者市场上有句话说“买卖的决定,必须不受赔掉家用钱的恐惧感所左右。”若赢钱了，就拿出盈利50%，转而投资不动产。资金充裕，心智才自由，才能作出稳健的买卖决定，才能成为期货商品买卖的成功者。

2. 忌随波逐流，适当的“我行我素”

历史经验和经济规律证明，当大势极为明显之际，如经济剪刀差的最高点和最低点，可能是大势发生逆转之时，多数人的观点往往是错误的,而在市场中赚钱也仅仅是少数人。当绝大多数人看涨时，或许市场已到了顶部，当绝大多数人看跌时，或许市场已到了底部。因此投资者不要轻易让别人的意见、观点左右自己的交易方向，必须时刻对市场大势做出独立的分析判断，有时反其道而行往往能够获利。

3. 小额开始，循序渐进

冰冻三尺非一日之寒，对于初涉市场的投资者而言，必须从小额规模的交易一步步做起，选择价格波动较为平稳的品种入手，掌握交易规律并积累经验，最后增加交易规模，逐渐做大。

4. 不要期望在最好价位建仓或平仓

在顶部抛售和在底部买入都是小概率的事件，逆势摸顶和摸底的游戏都是非常危险的，当投资者确认市场大势后，应随即进入市场进行交易。投资者追求的合理的投资目标是获取波段盈利。

5. 赚钱不宜轻易平仓，要让盈利积累

将赚钱的合约卖出，获小利而回吐，可能是导致商品投资失败的原因之一。假如你不能让利润继续增长，你的损失就会超过利润把你压垮。成功的交易者说，不可只为了有利润而平仓；当市场大势与投资者建仓方向一致之际，投资者不宜轻易平仓，在获利回吐之前要找到平仓的充分理由。

6. 不要以同一价位买卖交易，亏损持仓通常不宜加码

投资者开仓交易之际，较为稳妥的方法是分多次开仓，以此观察市场发展方向，当建仓方向与价格波动方向一致时用备用资金加码建仓，当建仓方向与价格波动方向相反时又可回避由于重仓介入而导致较重的交易亏损。当投资者持仓处于亏损之际，除了投资者准备充足资金进行逆势操作之外，一般来说，投资者不宜加码，以免导致亏损加重、风险增加的不利局面发生。

7. 选择买卖市场上交投活跃的合约或最活跃的合约月份进行投资

投资者交易时一般选择成交量、持仓量规模较大的较为活跃的合约进行交易，以确保资金流动的畅通无阻，既方便开仓和平仓。而在活跃交易月份中做买卖，可使交易进行更为容易。

8. 金字塔式交易

当投资者持仓获得浮动赢利时，如加码持仓必须逐步缩小，即逐渐降低多单均价或提高空单均价，风险逐渐缩小；反之，将逐渐增加持仓成本，即逐渐提高多单均价或降低空单均价，风险逐渐扩大。

9. 重大消息出台后或有暴利时应迅速行动

买于预期，卖于现实。当市场有重大利多或者利空消息，应分别建仓抑或卖空，当上述消息公布于众，市场极可能反向运行，因此投资者应随即回吐多单抑或回补空单。当投资者持仓在较短时间内获取暴利，应首先考虑获利平仓再去研究市场剧烈波动的原因，因为期货市场瞬息万变，犹豫不决往往将导致盈利缩小，或者导致亏损增加。

10. 要学会做空

对于初入市的投资者来说，逢低做多较多，逢高做空较少，而在商品市场呈现买方市场的背景下，价格下跌往往比价格上涨更容易，因此投资者应把握逢高做空的机会。

11. 放宽心态，学着喜爱损失，随时准备接受失败

“学着喜爱损失，因为那是商业的一部分。如果你能心平气和地接受损失，并且不伤及你的元气，那你就是走在通往商品投资的成功路上。”期货投资作为一种高风险、高盈利的投资方式，投资失败在整个投资中将是不可避免的，也是投资者吸取教训、积累经验的重要途径。投资者面对投资失败，只有仔细总结，才能逐渐提高投资能力，回避风险，力争盈利。

最重要的成功因素，并不在于用的是哪一套规则，而在于你的学习领会的功夫。正所谓师傅带进门，修行在个人。成功的投资从来都是艰苦的较量。

期货操作误区

能否正确地分析和预测期货价格的变化趋势，这才是期货交易成败的关键。但是不论是什么样的投资，都有一定的风险和误区，下面就让我们来了解一下期货操作都有哪些误区？

1. 逆势开仓

现在许多的新投资者，都非常喜欢在停板的时候开反向仓，尽管有的时候运气好能够侥幸获利，可这是一种非常危险的动作，是严重的逆势行为，一旦遇到连续的单边行情便会被强行平仓，直至爆仓。

所以绝对不要在停板处开反向仓。

2. 满仓操作

“满仓者必死！”满仓操作尽管有可能让你快速地增加财富，但是更有可能让你迅速爆仓。事事无绝对，就算是基金也不可能完全控制突发事件及政策面或消息面的影响。事实上财富的积累是和时间成正比的，这是国内外期货大师的共识。靠小资金赢取大波段的利润，资金曲线的大幅度波动，其本身就是不正常的现象，只有进二退一，稳步拉升方为成功之道。

在这里建议投资者每次开仓不超过总资金的 30%，最多为 50%，以防补仓或其他情况的发生。

3. 测顶测底

其实现在有一些投资者总是凭主观臆断市场的顶部和底部，结果自己被套在山腰，最终导致大亏的结局。

依赖于图表，仔细分析顺势而为；绝不测顶测底，坚决做一个市场趋势的跟随者。

4. 持仓综合征

这其实是投资者的一种通病。当你手中无单的时候手痒闲不住，非要下单不可；手中有单却又非常地恐慌，万一市场朝反方向运作，就不知该如何是好；总是认为机会不断，想不停地操作，结果就越做越赔，越赔越做。事实上究其原因，主要就是因为没有良好的技术分析方法作为后盾，心中没底。又有谁知道休息也是一种操作方法。

因此，守株待兔，猎豹出击；当市场没有机会的时候便休息，有机会果断跟进；止盈止损坚决执行。

5. 逆势抢反弹

抢反弹到底可不可以？假如方法对了，那么当然可以。不然的话，犹如刀口舔血。如果从空中落下一把刀，你应该在什么时候去接？毫无疑问的是，一定是等它落在地上不动之后，如若不然，必定会被伤得伤痕累累。期货市场与之同理。

抢反弹需要一定的技巧。无经验者，不必冒险，顺势而为即可，且参与反弹时一定要注意资金的管理。

6. 死不认输

事实上很多的投资者就是犟脾气，做错了从不认输，总是不知道在第一时间解决掉手中的错单，以至让错误不断地延续，那么后果也就可想而知。“我就是不信它不涨，我就是不信它下不来……”这种心态万万要不得。所以说承认自己有错的时候。不存侥幸心理，坚决在第一时间止损这才是有效避免损失的最佳选择。

7. 频繁“全天候”操作

如今很多的投资者，都想做全能型选手，“多”完了就“空”，“空”完了就“多”，在没有一股力量打破另一股力量时，不要动反向的念头，多头市就是做多、平多、再多、再平多……空头市则坚持开空、平空、再开空、再平空……尽管对自己要求很“严格”，但这其实也违背了期货市场顺势而为的原则。

8. 中线与短线的弊端

有人甚至会错误地认为短线与中线就是持仓时间的长短，其实不然。所谓中线，其实就是在大周期大波动的趋势出来后，在这样一股力量没有被打破前有节奏地持有一个方向的单子，而不能以时间的长短为依据。短线、中线本是一体，不过就是时间周期与波动的幅度不同而已，所应用的方法其实都是一样的。

9. 主力盯单心态

很多投资者一定有这样的经历：你做多，就跌；做空，就涨；你一砍多，就还涨；一砍空，就跌。做期货运气有时是很重要的，主力并不缺你这一手。这时候你应该立马关掉电脑，休息一下，冷静之后重新来做。

10. 下单的时候犹豫不决

通常在做多的时候害怕诱多，害怕假突破，做空的时候又害怕诱空，从而导致机会从眼前白白消失。我们理解火车启动后总是会有一个滑行惯性的道理，当趋势迈出第一步的时候，我们通常在一步半的时候就跟进去，直至平衡被打破，趋势确立时，采取“照单全收”的操作策略，当假突破的征兆出现后，反方向胜算的概率是很大的。

选择一家出色的期货经纪公司

在进行期货投资时，有一家出色的期货经纪公司很重要。是选择贴现经纪公司还是选择专职经纪公司，是每个投资者都会头痛的问题。为了能寻找到一位诚实可靠，把客户的利益放在第一位的经纪人，你可能会费尽心机。但是，这一切是值得的。因为在这项投资中，毫不夸张地说，一些投资者的成败完全控制在他们的经纪人手里。

为了能够让投资者更顺利地找到业绩优良的期货经纪公司和经纪人，你可以参考以下这些建议。

1. 查询权威网站

你可以通过登录国家期货协会网来选择一家经纪公司或者经纪人。期货协会的网站上有一栏叫作“基本信息”。进入这一栏目，投资者可以查到经纪公司或者经纪人，看一下他们是否有被期货协会查处的违规记录。另外，商品期货交易协会还有一个信息网站帮助你评判期货经纪人或者经纪公司。

2. 了解一些必要的术语

对于那些初入市的期货投资人来说，他们还对一些专业术语比较陌生，常常被弄得不知所措，因此很容易被一些别有用心的经纪人蒙骗，所以，最好先简单地学习一下。

3. 观察经纪人的态度

投资者要永远记住这一点：账户始终是自己的，主意始终要自己拿。如果经纪人能尊重你的态度，并努力给你提供有建设性的投资建议，当然可以根据他们的意见去做单。但是，如果经纪人盛气凌人，主观又武断，你还是早点把他炒了吧。

4. 注意经纪公司的服务

许多经纪公司在自己进行市场研究后，会向其客户提供投资时机信息及相关咨询等服务。这种类型的信息肯定会带来更多收益。所以，许多投资人非常欢迎经纪公司提供这样的服务，你在挑选的时候，不妨也注意一下是否有这方面的服务。

期货投资的风险及规避

与现货市场相比，期货市场交易的远期性会带来更多的不确定因素，其价格波动也较大、较频繁。可以说，期货投资的风险是非常大的。再加上交易者的过度投机心理，保证金的杠杆效应，又在一定程度上增大了期货交易风险产生的可能性。因此，投资期货市场应首先考虑的问题是如何规避市场风险，选择入场交易的时机必须是在市场风险较小或期货市场的潜在利润远大于所承担的市场风险时。

一般而言，期货投资的风险主要体现在以下几个方面。

第一，杠杆使用风险。期货的资金放大功能使收益放大的同时也放大了风险，因此如何运用杠杆效用，用多大程度也要因人而异。水平高一点的投资者可以用5倍以上甚至用足杠杆，但水平低的投资者要量力而行，如果运用杠杆效应太高，那无疑就会使风险失控。

第二，强行平仓和爆仓风险。交易所和期货经纪公司要在每个交易日对投资者的投资资金进行结算，如果投资者账户里的保证金低于规定的比例，又不能及时补仓的话，期货公司就会强行平仓。有时候如果行情比较极端甚至会出现爆仓现象，即亏光了账户里的所有资金，投资者甚至还需要期货公司帮着垫付超过账户保证金的亏损部分。

第三，交割风险。普通投资者做空铜不是为了几个月后把铜卖出去，做多大豆也不是为了几个月后买大豆，如果双方合约一直持仓到交割日，投资者双方就需要凑足足够的资金或用足够的实物货进行交割（货款是保证金的10倍左右）。

第四，委托代理风险。如果投资者把账户交给职业操盘手做，就要承担委托代理的风险。

期货风险的产生与发展也有自身的运行规律，抓住规律，做好交易风险管理就可以帮助投资者避免风险，减少损失从而增加投资者在交易过程中的收益。

规避期货风险可以从四个方面来入手：打好基础、计划交易、资金管理、及时止损。

第一，打好基础即熟练掌握期货交易的相关知识。因为进行期货交易会涉及金融、宏观经济政策、国内外经济走势等多方面的因素，同时，不同的上市品种还具有各自的走势特点，尤其是农产品期货受到天气等自然因素影响很大。所以在进行期货交易之前，对期货交易基础知识和交易品种进行详细的了解是非常必要的。只有准确了解了上述内容才能准确地把握行情走势，做好期货。

第二，计划交易即指投资者在交易前制订好科学的交易计划。包括对建仓比例、建仓过程、可能性亏损幅度制定出应对方案和策略；严格执行此计划进行交易，严格遵守交易纪律；交易后还应对计划进行及时的总结和归纳，以完善计划。当然为使自己的投资能够获得巨大利润，除了严格执行其交易计划，还应有强大的资金管理的能力。

第三，资金管理在期货交易中占有重要地位。因期货交易的杠杆效应，期货交易切忌满仓操作，投入交易的资金不可太多，最好不要超过保证金的50%。而作为中线投资者，投入的资金比例最好不要超过保证金的30%。实际操作中，投资者还应设置更为合理有效的仓位。设置时要根据其自身资金实力、风险偏好，结合所投资品种在历史走势中逆向波动的最大幅度及各种调整幅度出现概率的统计分析。

第四，及时止损对中小投资者来说是十分必要的，尤其是那些在证券市场上养成了“死捂”习惯的投资者，更要学会及时止损。投资者应根据自己的资金实力、心理承受能力，以及所交易品种的波动情况设立合理的止损位。清醒地认识到期货市场风险的放大性，才不会死捂期货，才不会使带来的实际损失超过投入的资金，因此，及时止损至关重要。只要能做到及时止损，期货投资的风险就会降低很多。

总而言之，投资者只有在充分了解了期货市场风险的基础上，才能合理地做好期货交易的风险管理，才可有效地控制期货交易风险，提高自身盈利水平。

杠杆效应降低投资成本的同时也加大了期货投资的风险。因此“风险控制”一样是期货投资中的必修课。

第五节　安全炒汇，放眼全球投资市场

盘点常见外汇交易术语

外汇交易术语是由外汇市场发展而衍生的产物，它的出现也促进了外汇市场的发展。由于外汇术语在实际业务中的广泛运用，对于简化交易手续、节省交易时间及费用起到了重要的提高效率的作用。

学习和掌握各种外汇交易术语，对于个人外汇投资者来说，将会有力地促进外汇投资水平的提高，让你不再做外汇投资的“外行人”。

直盘：美元对其他货币的交易，如美元／欧元，美元／英镑等。

交叉盘：是除却美元之外的两种货币间的交易，如欧元／日元、欧元／英镑、英镑／日元、欧元／澳元等。

卖出价：交易者当前卖出特定货币时可以使用的汇率。

买入价：交易者当前买入特定货币时可以使用的汇率。

升值：当某种货币价格上升时，即称该货币升值。

对冲：用于减少交易商主要头寸风险的头寸或者头寸

组合。

Cable（电缆）：英镑对美元汇率的行话。

贸易差额：国家出口总额减去进口总额的差值。

基础货币：投资者用以计账的货币。在外汇交易市场，一般都将美元作为报价用的基础货币。但英镑、欧元和澳元除外。

点差：平台在交易的过程中报出的一个买入价及一个卖出价，点差为两者之间的差价。对于投资者说，点差是在交易过程中必须支付的成本，在不考虑平台整体性能的前提下，点差越小，无疑就是越划算的。

地雷：券商为达到保障自己利益的目的而在交易平台中动的一些手脚，也可能是平台存在严重损害投资者利益的漏洞（或有可能是券商人为有意制造的）。

滑点：此现象一般有两种，一种是在市场波动较激烈的时候，点差或成交价发生变化（这种变化几乎都是不利于客户的），造成的原因可能是由于各个银行提供的报价不同，券商出于保护自己的利益而发生这种情况。要完全避免这种现象是不可能的，这种情况只要不是很过分，还是可以接受的。重点要说的是第二种滑点现象，当你确定交易时，提交的价格在成交后，会向不利于你的价格方向移动了几点，而不是你当时提交的价格。这种现象不会每次都发生，但也不会少见，是平台地雷常见的一种。

做市商：提供报价并准备以报出的买入或卖出价格交易的交易商。

中央银行：指管理国家货币政策的政府或准政府机构。例如，美国联邦储备委员会就是美国的中央银行。

佣金：在交易中给经纪人的费用。

软货币：指在国际金融市场上汇价疲软，不能自由兑换他国货币，信用程度低的国家货币，主要有印度卢比、越南盾等。

硬货币：指在国际金融市场上汇价坚挺并能自由兑换、币值稳定、可以作为国际支付手段或流通手段的货币。主要有美元、英镑、日元、欧元等。

隔夜交易：指在晚9点至次日早8点进行的买入或卖出。

当日交易：指在同一个交易日内开立并关闭的头寸。

货币对：由两种倾向组成的外汇交易汇率，比如欧元/美元。

头寸：在金融、证券、期货、股票交易中经常用到的一个词。“建立头寸”在外汇交易中就是开盘的意思，即买进一种货币的同时卖出另一种货币的行为。开盘之后，短了（空头）另一种货币，长了（多头）一种货币。选择恰当的汇率水平和时机建立头寸，是外汇投资盈利的前提。

未结头寸：指任何尚未通过实际付款结清的交易，或指被相同交割日的等量反向交易冲销的交易。

保证金：作为头寸的抵押，客户必须存入的资金。

保证金追缴：由经纪人或者交易员发出的，对额外资金或者其他抵押的要求，以便能保证向不利于客户方向移动的头寸的业绩。那么，客户也可以选择清算一个或多个头寸。

止损：止损是指在交易过程中，当损失达到一定数额的时候，及时平仓（斩仓）出局，结束交易，避免损失的进一步扩大。可以说止损是新手最难攻克的难关，但如果不学会止损，除非红运当头，否则几乎注定血本无归。

止损订单：当价格朝你预期的相反方向波动时，为平仓而设置的保护性订单。

即期价格：当前市场价格。即期交易结算通常在两个交易日内发生。

限价订单：以指定价格或低于指定价格买入，或者以指定价格或高于指定价格卖出的订单。

揸：买入（源自粤语）。

沽：卖出（源自粤语）。

区间：货币在一段时间内上下波动的幅度。

波幅：货币在一天之中振荡的幅度。

上档、下档：价位目标（价位上方称为阻力位，价位下方称为支撑位）。

持平／轧平：既不买空也不卖空同样被称为持平或轧平。交易商如果未持头寸或所有头寸均相互抵消，即为拥有持平账本。

漂单：就是做单后，处于亏损状态，不及时止损或平仓，任由漂着，抱着侥幸心理等待市场回头。

锁单：是保证金操作常用的手法之一，就是揸（买）沽（卖）手数相同。

双向报价：包含同时报出的买入和卖出价格的报价。

同业拆借利率：银行同业隔夜拆借利率。

爆仓：由于行情变化过快，投资者在没来得及追加保证金的时候，账户上的保证金已经不够维持原来的合约了，这种因保证金不足而被强行平仓所导致的保证金“归零”，俗称“爆仓”。

平仓：就是将手中的外币换回本币。比如你原来买入了欧元/美元，现在汇价到了你的目标价位，你将手中欧元卖出了结，这个过程叫平仓。

入金：即客户入金。指客户将用于期货交易的资金划入自己在期货公司的交易账户。

出金：即客户出金。指客户将存放在期货公司的自己交易账户中的资金提出（提现或银行划转）。

外汇交易的四种方式与三大途径

只有了解外汇交易的方式和途径，投资者才能清晰地根据自己的实际情况选择最适合自己的投资模式。

在外汇交易中，一般存在着远期外汇交易、即期外汇交易、外汇期权交易及外汇期货交易等四种交易方式。

1. 远期外汇交易

远期外汇交易跟即期外汇交易相区别，是指市场交易主体在成交后，按照远期合同规定，在未来（一般在成交日后的 3 个营业日之后）按规定的日期交易的外汇交易。远期外汇交易是有效的外汇市场中必不可少的组成部分。20 世纪

70 年代初期，国际范围内的汇率体制从固定汇率为主导向转以浮动汇率为主，汇率波动加剧，金融市场蓬勃发展，从而推动了远期外汇市场的发展。

2. 即期外汇交易

即期外汇交易又可称为现货交易或现期交易，是外汇市场上最常用的一种交易方式，即指外汇买卖成交后，交易双方必须于当天或在两个交易日内办妥交割手续的一种交易行为。占外汇交易总额大部分的都是即期外汇交易，主要原因是即期外汇买卖不仅可以满足买方临时性的付款需要，而且可以帮助买卖双方调整外汇头寸的货币比例，以避免外汇汇率风险。

3. 外汇期权交易

外汇期权常被视作一种有效的避险工具，因为它可以消除贬值风险以保留潜在的获利可能。在上面我们介绍了远期外汇交易，其外汇的交割可以是特定的日期，也可以是特定期间。

但是，这两种方式双方都有义务进行全额的交割。外汇期权是指交易的一方（期权的持有者）拥有合约的权利，并可以决定是否执行（交割）合约。如果愿意的话，合约的买方（持有者）可以听任期权到期而不进行交割。卖方毫无权利决定合同是否交割。

4. 外汇期货交易

随着期货交易市场的不断发展，原来作为商品交易媒介的货币（外汇）也成为期货交易的对象。外汇期货交易是指外汇买卖双方于将来时间（未来某日），以在有组织的交易所内公开叫价（类似于拍卖）确定的价格，买入或卖出某一标准数量的特定货币（指在合同条款中规定的交易货币的具体类型，如 3 个月的日元）的交易活动。

另外，随着外汇市场的不断发展，进行外汇交易的门槛越来越低，你只要有 250 美元就可在一些引领行业的外汇交易平台只进行交易，也有一些需要 500 美元就可以开始交易的,低门槛使期货交易在某种程度方便了普通投资者的进入。

想投资外汇市场的朋友们一般可以通过以下三个交易途径进行外汇交易。

1. 通过银行进行交易

通过交通银行、中国银行、招商银行或建设银行等这些在国内设有外汇交易柜台的银行进行交易。其时间规定在周一至周五。其交易方式为实盘买卖、电话交易或挂单买卖。

2. 通过境外金融机构在境外银行交易

可通过电话进行交易（免费国际长途）。其交易时间为周一至周六上午，每天 24 小时营业。交易方式为保证金制交易或挂单买卖。

3. 通过互联网交易

这种交易通过互联网进行，其时间为周一至周六上午，每天 24 小时营业。交易方式为保证金制交易，也可挂单买卖。

互联网交易是绝大多数汇民采取的交易途径。但要注意的是，在网上外汇交易平台进行交易是以外汇保证金的制度进行的。方式是：在外汇保证金交易中，集团或是交易商会提供一定程度的信贷额给客户进行投资。例如，客户要买 10 万欧元的外汇，只要先付 1 万欧元的押金就可以进行这项交易，当然上限不限，客户愿意多投入多少资金都可以。保证金就是集团或交易商要求客户必须把账户内的资金维持在 1 万欧元，作为维持此项交易的押金。

在保证金制度的前提下，所用的相同的资金可以比其他传统投资获得更多的投资机会，获利或亏损的金额都会相对扩大。投资者如果能灵活地运用各种投资策略，利用这种杠杆式的操作就可以起到以小搏大、四两拨千斤的效果。

在保证金制度下，投入少量的押金就可以运作，所以不会导致一次性投入大量的资金而造成资金的积压，也不怕套牢，还可买升或跌相向获利。在时间上，除了周六、日外，投资者可以全天候 24 小时运作。另外，少于五千分之一的手续费使获利的机会更高。

规避外汇投资风险的六大技巧

作为投资者，首先心理上要有一定的抗风险能力，然后在实际操作中也要规避错误操作，将风险降到最低。

投资者在进行外汇交易过程中必须面对的重要问题是对风险的控制和规避。投资有风险，只有控制风险才能减少损失，增加利润。方法就是要做好投资计划，再顺势而为巧妙赚钱。

1. 制订投资计划

制订投资计划是投资者要经常性做的重要的工作。在外汇投资过程中也是如此。没有计划盲目行动，只能导致失败。投资大师乔治·索罗斯曾说过，他可以大谈他的投资哲学，也会谈他的投资策略，但他绝不会谈他的投资计划。因为，那是重要的商业秘密，是核心竞争力的集中体现。每个投资者水平如何，业绩差异多大，最终要落脚在投资计划上。由此可见投资计划的重要性了。投资理念是宏观的，投资策略是中观的，只有投资计划才是微观概念的，是最具体最实际的。

2. 建仓资金需留有余地

由于外汇投资的杠杆式效应，建仓的资金会在无形中被放大很多倍，所以建仓时的资金管理就显得非常重要了。建满仓或重仓进行交易的人实际上都是在赌博，必将被市场所淘汰。所以，外汇建仓一定要留有余地。

3. 止损是炒汇赚钱的第一招

波动性和不可预测性是市场的固有属性，也是最根本的特征。它是市场存在的基础，是风险产生的原因。交易中所有的分析预测仅仅是一种可能性，依据这种可能性而进行的交易结果自然是不确定的。所以，不确定的行为必须得有措施控制其风险的扩大，而止损就是最得力的措施。

市场的不确定性造就了止损存在的必要性和重要性。它是投资者在交易过程中自然产生的一种本能的保护自己的反应行为，成功的投资者可能有各自不同的交易方式，但止损却是保障他们获取成功的共同特征。

4. 市场不明朗决不介入

在外汇市场上要学会等待，特别是在市况不明朗的时候，没有必要每天都入市炒作。初入行者往往热衷于入市买卖，但有经验的投资者则会等待时机。他们在外汇交易的时候，一般都秉持“谨慎”的策略，当他们入市后感到市况不明朗时就会先行离市。

做外汇交易，需要稳扎稳打，切忌存有赌博心态，那些一看到市场状况不明朗，就想着用博的心态赌一把的人，十有八九都要输。而且，外汇保证金的交易方式，具有杠杆放大的效果，盈利可以被放大，亏损同样也会被放大。所以投资者一定要学会在市场不明朗时绝不介入。

5. 用好交叉盘，使其成为解套的“万能钥匙”

外汇市场上实盘投资者经常使用的一种解套方法就是做交叉盘，在直盘交易被套牢的情况下，很多不愿意止损的投资者就会转而选择交叉盘进行解套操作。

外汇市场中，以美元为汇率基准。美元以外的两种货币的相对汇率就是交叉盘。比如欧元对英镑，澳元对日元等都是交叉盘。平时多数投资者喜欢看直盘，而忽略了交叉盘，其实在套牢时可以在交叉盘上找到解套的机会。例如，如果有投资者做多欧元对美元被套，那他就可以以被套牢的货币作为本币，通过交叉盘买入当前比欧元强势的货币，比如在欧元对英镑中，欧元在跌，英镑在涨，那么就可以买入英镑，通过交叉盘的波段操作，使手中的本币越来越多，达到盈利的目的。交叉盘行情的波动空间较大，任何币种之间都可以自由交易。所以在交叉盘盈利之后，可以再回到原来的欧元，也可以选择直接回到美元。以此类推，可以转换为任何一种货币上，如日元、澳元等。在获利后再转向欧元，如持有的欧元的数量增加，则交易成功。

交叉盘的操作是两个非美元币种之间的直接买卖，而不需要通过美元进行，这样可以减少点差，降低交易成本。但任何事物都是两方面的，交叉盘也有不可避免的劣势。如果运用得不好将会取得相反的效果。交叉盘尽管波幅大，机会多，但风险同样很大。

6. 自律是炒汇成功的保证

华尔街有这样一句名言：市场是由贪婪和恐惧推动的，而克服贪婪和恐惧最好的办法就是自律，如果能真正做到自律，也许你的投资境界就到了一个新的领域。在外汇交易过程中，最大的敌人就是贪婪和恐惧。可以说，贪婪和恐惧才是资本市场最难跨越的屏障。所以，自律是炒汇成功的保证。

对任何一种投资来说，风险与收益同抗风险的能力不仅表现在行动上，也表现在心理承受能力上。

新手要掌握的 9 个外汇投资技巧

对于复杂多变的外汇市场而言，掌握一般的投资策略是必须的，但在这个基础之上，投资者更要学习和掌握一定的实战技巧。在任何投资市场上，基本的投资策略是一致的。一些经过大量实践检验的投资技巧在实战中有很强的指导意义，充满哲理含义。我们在这里总结了许多汇市高手归纳提倡的 9 条外汇买卖投资技巧，供读者参考，希望投资者能从中获益。

1. 主意既定，勿轻率改变

如经充分考虑和分析，预先定下了当日入市的价位和计划，就不要因眼前价格涨落影响而轻易改变决定，基于当日价位的变化及市场消息而临时作出的决定，除非是投资圣手灵机一闪，一般而言都是十分危险的。

2. 逆境时，离市休息

投资者由于涉及个人利益得失，因此精神长期处于极度紧张状态。如果盈利，还有一点满足感来慰藉；但如果身处逆境，亏损不断，甚至连连发生不必要的失误，这时要千万注意，不要头脑发胀失去清醒和冷静，此时，最佳的选择是抛开一切，离市休息。等休息结束时，暂时盈亏已成过去，发胀的头脑业已经冷静，思想包袱也已被卸下。相信投资的效率会得到提高。有句话，“不会休息的将军不是好将军”，不懂得休养生息，破敌拔城无从谈起。

3. 以“闲钱”投资

记住，用来投资的钱一定是“闲钱”，也就是一时之内没有迫切、准确用途的资金。因为，如果投资者以家庭生活的必须费用来投资，万一亏蚀，就会直接影响家庭生计。或者，用一笔不该用来投资的钱来生财时，心理上已处于下风，故此在决策时亦难以保持客观、冷静的态度，在投资市场里失败的概率就会增加。

4. 小户切勿盲目投资

成功的投资者不会盲目跟从旁人的意见。当大家都处于同一投资位置，尤其是那些小投资者亦都纷纷跟进时，成功的投资者会因感到危险而改变路线。盲从是“小户”投资者的一个致命的心理弱点。一个经济数据一发表，一则新闻突然闪出，5分钟价位图一“突破”，便争先恐后地跳入市场。不怕大家一起亏钱，只怕大家都赚。从某种意义上说，有时看错市场走势，或进单后形势突然逆转，因而导致单子被套住，这是正常的现象，即使是高手也不能幸免。然而，在如何决策和进行事后处理时，最愚蠢的行为却都是源于小户盲从心理。

5. 止蚀位置，操刀割肉

订立一个止蚀位置，也就是在这个点，已经到了你所能承受的最大的亏损位置，一旦市场逆转，汇价跌到止蚀点时，要勇于操刀割肉。这是一项非常重要的投资技巧。由于外汇市场风险颇高，为了避免万一投资失误时带来的损失，因此每一次入市买卖时，我们都应该订下止蚀盘，即当汇率跌至某个预定的价位，还可能下跌时，立即交易结清。这样操作，发生的损失也只是有限制、有接受能力的损失，而不至于损失进一步扩大，乃至血本无归。因为即使一时割肉，但投资本钱还在，留得青山在，就不怕没柴烧。

6. 不可孤注一掷

从事外汇交易，要量力而为，万不可孤注一掷，把一生的积蓄或全部家底如下大赌注一样全部投入。因为在这种情况下，一旦市势本身预测不准，就有发生大亏损甚至不能自拔的可能。这时比较明智的做法就是实行“金字塔加码”的办法，先进行一部分投资，如果市势明朗、于己有利，就再增加部分投资。此外，更要注意在市势逆境的时候，千万要预防孤注一掷的心态萌发。

7. 忍耐也是投资

投资市场有一句格言说：“忍耐是一种投资。”但相信很少投资者能够做到这一点，或真正理解它的含义。对于从事投资工作的人，必须培养自己良好的忍性和耐力。忍耐，往往是投资成功的一个“乘数”，关系到最终的结果是正是负。不少投资者，并不是他们的分析能力低，也不是他们缺乏投资经验，而仅是欠缺了一份忍耐力，从而导致过早买入或者卖出，招致损失。因此，每一名涉足汇市的投资者都应从自己的意识上认识到，忍耐同样也是一份投资。

8. 学会风险控制

外汇市场是个风险很大的市场，它的风险主要在于决定外汇价格的变量太多。虽然现在关于外汇波动的理论、学说多种多样，但汇市的波动仍经常出乎投资者们的意料。对外汇市场投资者和操作者来说，有关风险概率方面的知识一定要学一点儿。也就是说，在外汇投资中，有必要充分认识风险和效益、赢钱与输钱的概率及防范的几个大问题。如果对风险控制没有准确的认识，随意进行外汇买卖，输钱是必然的。

9. 小心大跌后的反弹与急升后的调整

在外汇市场上，价格的急升或急跌都不会像一条直线似的上升或一条直线似的下跌，升得过急总会调整，跌得过猛也要反弹，调整或反弹的幅度比较复杂，并且不容易掌握，因此在汇率急升二三百点或五六百个点之后要格外小心，宁可靠边观望，也不宜贸然跟进。

利用借记卡出境旅游有技巧

虽然不少准备出境旅游的朋友已经收拾好了自己的行囊，但是你们的购物支付工具也准备好了吗？其实出发前应该仔细地盘算一番，以免出境购物的时候吃亏。这一节就将告诉大家出境游如何巧换货币的技巧。

1. 现金购物选准币种

现在出境旅游前可兑换到相应的外币，可供选择的币种主要有美元、欧元或者是港币等。很多人出境时不考虑出行地使用的币种，而是将所有的外汇额度全部换成美元。其实这种做法很不理性。兑换美元出行，还是兑换成出行地的货币，主要依据外汇市场走势情况来决定。这样可以避免汇率转换带来的损失。

2. 多次兑换损失大

出发前，先了解出境地货币使用情况，事先兑换好当地货币，兑换时应尽量选择合适的比率，而在境外消费时，则可根据汇率、消费多少及当时环境决定使用何种货币。当人民币对出境地汇率明显上升时，若可以选择人民币消费，应首选人民币。对于比较热门的澳洲游、日本游，建议出门前先换好当地货币。以澳洲游为例，在澳大利亚的当地商场、大型超市一般只以澳元结算，当然，也可随身携带美元和人民币前往，DFS 免税店及特色店铺通常也收取此类货币，兑换价格以每天的官方报价为准。

由于兑换比率的不同，为避免多次兑换产生损失，建议外出尽量使用当地货币。同时，在一些小国家，尽量选择手中已有货币，也可小量兑换。在出游新西兰的行程中，除了新西兰机场需交人均 25 纽币机场建设费外，新西兰许多商店都可以用澳元结算。若大量兑换新西兰纽币，回国后兑换比较麻烦，目前，在各大银行基本没有人民币和纽币的结算。

3. 巧用借记卡招数多

有没有省钱的刷卡“路线”呢？事实上，在能刷银联卡的韩、泰及中国港、澳等出游地，使用银联卡刷卡消费，即采用银联网络，中间只需经过一次货币兑换过程，汇率折算最精准，因此也最省钱。

目前，几乎各家银行均可办理信用卡，主要以美元双币卡为主，也有港币、欧元银行卡。出国前咨询自己的发卡银行在境外取现的费率，去收费最少的银行办理一张借记卡，并存入人民币。出国时带一张借记卡和一张双币种信用卡，需要现金时，用借记卡在境外合作银行的 ATM 机上取现。消费时使用信用卡，并告诉收银员使用银联网络进行支付。根据出游地不同，可选择不同币种的一卡双币银行卡。在欧洲大部分城市的商场、超市均可刷卡，出镜游带欧元双币卡最方便，也最合算。

当进行大额消费时，建议使用借记卡进行消费，因为你存多少进去，你就可以消费多少了。回国后，你的卡账单会显示该还多少人民币。因为当你在境外期间，银联已帮你购汇，没有信用卡的额度限制，并且不收取任何手续费，还免去了前往银行购汇还款的烦琐手续。目前在境外消费，是不会收取任何费用的。

据悉，现在中国银行柜面可以兑换的境外货币，有美元、英镑、欧元、港币、日元等13种。在回来时，要尽可能地将硬币换成纸币，目前国内银行尚不兑换硬币。

出国留学换购外汇

面对人民币的持续升值，留学生家长为孩子换购外汇，怎么才能做到既省钱又省心？每年的8月底、9月初都是学生出国留学的高峰期，在这个时间段，如何使手里的钱得到最优利用，成了学生和家长们最关心的话题。

1. 热门国家留学换汇攻略

美国：带美元出国方式一般有3种：随身携带美元现钞、开汇票或买美国运通公司旅行支票。

直接带美元现钞风险大，不提倡。开汇票可到中国银行等办理，缺点是要到美国后去银行开户，再存进去方能使用。而留学生到美国需有社会安全号才能在银行开户，曾有学生到美国3个月后才拿到社会安全号。

英国：该国学校收学费方式各有不同，但银行汇票、国际信用卡、电汇或旅行支票、现金等付费方式一般学校都会接受。

学生在支付学费时，最好使用银行汇票，既方便手续费又低。生活费可用银行汇票或随身携带国际卡。在国内办理国际信用卡只能存美元，部分银行有美元和人民币双币业务。

爱尔兰：爱尔兰使馆签证处和中国光大银行签有合作协议，光大银行可为赴爱尔兰留学人员量身定做一站式安全、快捷的专业化金融服务，学生在光大银行办理环球汇票、境外电汇和购买旅行支票等，可享受汇款手续费优惠等众多优惠。

澳大利亚：学生持澳洲有效学生签证和通知书复印件，可到当地中国银行最大的分行换汇。家长可在银行给学生办理旅行支票或汇票，学生到澳洲后在当地合作银行换兑即可。同时，学生临行前最好随身换 3 000~5 000 澳元以备支付需要。建议家长首先选择在国外有支行或合作伙伴的银行，如中国银行、建设银行、中信银行等。

2. 利用差价分期换汇更划算

既然“省钱”已经成为目标，那么如何省更多的钱则是门学问。从历年换汇业务来看，每年的换汇高峰一般从国外学校开学前两个月开始，所以开始为出国留学做准备的学子们不妨稍微花点功夫研究换汇小窍门，可能会有额外的收获。

理财专家表示，许多银行都有外汇买卖业务，学子们完全可以利用该业务在换汇中节省一些支出。因为，银行的外汇人民币牌价是一天一个价钱，而外汇买卖的汇率又是随时随地在变化的。

例如，需要换取 1 万澳大利亚元，按照银行某日的人民币牌价，需要支出人民币 49 080 元，而如果选择外汇买卖，换取美元的话，情况就不同，按照某日的汇率 0.586 2/0.589 2，1 万澳大利亚元需要支出 5 892 美元，而 5 892 美元的换汇只需支出人民币 48 844.09 元，这样就可以节省人民币 235.91 元。

另外，许多客户在换汇后，往往都选择电汇这种汇款方式，而忽略了其他汇款方式。其实，票汇也是一种很好的汇款方式。如果首次出境在国外尚未开立银行账户，所去留学的城市正好有中国银行，那票汇将是不错的选择，因为它携带方便，并可以节省费用。

例如，去英国伦敦留学，学费 1 万英镑，在换汇后，选择电汇将支付手续费人民币 283.20 元，而票汇只需手续费人民币 133.20 元。如果选择电汇，最好选择收款行为中信银行的签约银行，这样将省去汇款的中转费用，加快款项到账的时间。

3. 牢记三个关键词

无论兑换哪个国家的货币，客户首先要注意当地外管局对于一次性换汇的上限规定。同时特别提醒出国留学换汇须牢记三个关键词——5 万美元、5 000 美元、换汇材料。

对于即将赴海外求学的留学人员来说，5 000 美元这个额度也必须注意，因为这是留学人员携带外汇现钞的上限。除了固定的学费外，留学人员在国内换汇时，可以将其中生活费的一部分换成外币现钞，随身携带不超过等值 5000 美元的外币现钞出境。

上述三个因素的确是换汇前必须知晓的“规矩”。首先，办理出国留学换汇，等值 5 万美元的外汇数额是一个标准。若购汇金额在年度总额内（每人每年等值 5 万美元），凭本人身份证明向银行申报用途后，即可办理。若购汇超过年度总额，银行按外汇管理规定审核本人真实需求凭证后，可办理购汇。若留学生购汇额度高于 5 万美元，就要到当地外汇管理局审批，审批获准后，留学人员持外管局开立的购汇证明才可到银行购汇。

另外，去银行换汇，材料一定要带齐全。第一学年要带齐因私护照、有效签证、写明姓名的正式录取通知书、收费通知书及翻译件、身份证或户口簿。第二学年需要带的材料包括：本年度收费通知、上一学年或学期的缴费证明、本人委托书、学生证等在读证明、因私护照及有效签证复印件、本人或代办人身份证或户口簿。

人民币升值时外汇理财秘方

2007年以来，受人民币加息预期升温及美联储降息等因素影响,. 人民币对美元汇率持续走高，人民币升值的速度明显加快。人民币升值时怎样对外汇进行理财成了热爱外汇人士关注的热点。

QDII 产品投资须谨慎

各银行外汇理财产品层出不穷，不管如何花哨，对于老百姓来说，收益高一点儿、风险低一点儿才是真理。许多投资者反映，外汇理财产品看不懂，不知道到底投资什么。理财专家指点，投资不熟悉的产品关键是把握好四点：投资方向、投资收益、是否保本、投资期限。

由于 QDII 产品可分享境外投资收益，既可用人民币投资，也可用外汇投资，受到投资者的追捧。

美元可尽早结汇

从事外贸工作的杨先生，有 5 万美元存在银行已经一年了，并且今后相当长一段时间内没有使用美元的计划。理财师建议，从投资收益角度考虑，如果短期内不出国使用外币的话，最简单的做法就是尽早结汇，把手中的美元换成人民币，以减少“资金缩水”。

面对人民币每年的升值幅度在 5% 左右。因此，杨先生的美元存款一年多没做其他投资，实际上在人民币升值这方面已经缩水，5 万美元 ×5% = 2 500 美元，相当于损失人民币 2 万元左右。

理财专家表示，在国家外汇管理局放宽外汇兑换政策后，市民每年可兑换不超过 5 万美元，一般的出国事务基本可以满足需求。因此，市民只要没有短期外汇需求，可以考虑把手中美元结汇。

选择购买外汇产品

人民币升值是相对于美元的，除了结汇以外，投资者可以将美元兑换成欧元、日元等方式实现保值，或者通过炒汇实现保值增值。但这些需要投资者有一定的金融知识，特别是炒汇。

投资者可通过银行的外汇报价系统，以各外币种之间的买卖赚取收益，实现外币资产的保值增值。

此外，各家银行都有外汇理财产品，收益率略高于存款利息，如果握有外币的市民不想兑换的话，购买外汇理财产品也是一个不错的投资渠道。

总体而言，人民币升值对普通百姓的消费影响目前并不算大，但在投资理财方面却有值得重视的问题。专家提醒说，个人在选择银行外汇理财产品时，应尽量选择期限较短或客户有优先终止权的产品，这样就可以在提高收益的基础上减少风险。据了解，许多银行推出的外汇理财产品最高预期收益可达 30%，虽然不一定能最终实现，但未尝不是市民避免外汇资产缩水的一个方法，尤其适合于没有金融专业知识或没有时间的一般投资者。

投资须防汇率风险

理财专家提醒，如果投资者现在用人民币购买外汇理财产品或者投资 QDII 等产品，一定要考虑到汇率风险。人民币升值，会导致一些外汇理财产品隐性降低收益率，特别是美元理财产品。因为这些外汇理财产品在到期后，将兑换成人民币返还给投资者，收益率就会受到汇率的影响。

按人民币的年升值幅度为 5% 推算，意味着外币理财的收益必须在 5% 以上，投资者才会产生收益。其实这也是近年部分外汇理财产品出现零收益甚至负收益的原因。不过，也有部分外汇理财产品设置了汇率保护条款，只要人民币升值不超过规定幅度，收益就不受汇率的影响。

善用外汇期权

国内可以合法交易的外汇期权，一般指的是客户向银行买入或出售的在未来某一时刻或一定期限内以特定的汇率购进或卖出一定数额的某种外汇的权利，它通常以标准合约的形式出现。期权的买方有锁定的成本及无限的获利可能，而期权的卖方则有固定的获利和无限的亏损可能。

银行获取的是每手 0.07 元的差价，对于投资者而言，主要是通过期权合约价格（期权费）的波动获利。投资者看涨某种货币，即可以买入该货币看涨期权。实盘涨，期权费即涨；实盘跌，期权费即跌。

面对外汇市场的新变化，银行专业人士提醒持有美元等外汇的投资者，为了不让外币资产缩水，结汇或购买外汇理财产品比较划算。

第六节 藏品投资，艺术创造财富

古玩投资切记“三不买”原则

收藏者们都希望自己淘到有价值的藏品好大捞一笔，但市场上的那些文物贩子们也摸准了投资者的心理，赝品层出不穷，为防上当受骗，谨记“三不买”原则。

做古玩投资的人完全是“玩并赚着”，古玩在帮投资者赚钱的同时，也满足了投资者的兴趣爱好。当下，全国各地掀起了一场古玩收藏的热潮，不管是大资本家还是小老百姓有事没事总喜欢往古玩堆里凑，电视上的鉴宝节目也是广请专家，为大家指点一二。收藏者们都希望自己淘到有价值的藏品好大捞一笔，往往急功近利，而市场上的那些文物贩子们也摸准了投资者的心理，大肆通过各种手段，设置陷阱，如做旧、制假。初入行的人稍不留神就会落入圈套，造成财产的严重损失。因此，收藏者在古玩投资中要切记“三不买”原则。

1. 不懂行不要买

收藏是件非常有魅力同时又会给收藏者带来极大乐趣的

文化活动。但因为投资者不懂行，其成功的难度很大，加之古玩收藏其种类繁多，包含有书画、古陶瓷、玉器、青铜器、木器、杂项等几大门类，如果收藏者对这些门类的知识不够了解，没有进行过深入研究，千万不要轻易冒险去买，以防上当受骗。

不少收藏者低估了它的难度，致使收藏品总是不理想。以收藏古字画者为例，五十个人中有一个成功的就算不错了，很多人将剩下的那部分的人的收藏状况概括为：“辛辛苦苦，赝品为主”“起早贪黑，破烂一堆”。所以，成为一个合格的收藏者也不是一件容易的事。古玩行当里有这样一句流传许久的警示语告诫人们：“不入其行，不捡其利。”就是劝收藏者不懂行就不要买。

2. 不符合市场价位的不买

有的人总想在古玩市场里“查漏捡缺”，殊不知现在古玩市场里的真品已经不多，而真品中的精品更是少之又少。好多高品位、高价值的藏品都掌握在少数资深收藏家或大拍卖公司的手里，藏品值多少钱，他们是绝对不会卖错的，而行情往往是跟着这些人对古玩的定价走的，所以初学者根本没有机会捡漏。如果是你到古玩市场上转悠，发现了一件“低价位高品质”的藏品可不要认为自己好运，高兴之时小心掉进陷阱。所以，对于初学者来说，一定要买符合市场价位的藏品，所谓“一分价钱一分货”，真品就要用真品的价钱来买。

3. 有怀疑的不要买

随着仿造技术的发展，造假也达到了相当高的水平，一些不法商贩利用“三结合”（以传统的工艺为基础，结合现代的科学技术，又以先进仪器相辅助）的制假手段制作的仿品简直是以假乱真。但假的真不了，这些仿品总会有一些破绽，收藏者们就是要凭这微小的破绽来辨别真伪。只要有一点点怀疑，就要推翻心中那百分之九十九的信任，坚决不买。

投资市场也是讲求原则的，无论你是投资高手还是菜鸟，遵循原则才能让你立于不败之地。

收藏投资重在规划

有规划的事情进行起来才有条理、有步骤，才能明确地到达目标。很多人被收藏所吸引就是源于藏品带给人名和利。但收藏品投资并不是只赚不赔，也会像其他的投资一样存在风险，要规避风险就要进行合理地投资规划。

1. 要确立收藏方向

其实，收藏是一门很深奥的学问，成功的收藏者之所以成功，就是因为他们具备了一定的专业知识。所谓“专”就是指“专一”，对于初涉收藏的人来说，藏什么是个很头痛的问题。因为在收藏界，有那么多的藏品，还有那么多名气大的收藏家，他们的收藏也只是在一方面——要么瓷器、要么书画，绝不会什么都收藏。所以确立收藏方向是初涉收藏的人必须做的。当具备一定的专业知识后，可在专家的指点下进行收藏。而且初涉收藏的人往往财力有限，所以也决定了不能见什么收什么。

2. 收藏就是中长期投资

有时候“收藏”卖的就是一件藏品的时间段，时间越久数量越少其价值越高。而短期的投资就做不到这一点，只能算作是一种投机行为。要想真正体现出艺术品的价值就要做长期投资或中期投资，这样可以尽量降低风险，得到收益的最大化。

3. 收藏要学会“以藏养藏”

在收藏界，著名大收藏家张宗宪先生，从起家的24美元，到拥有亿元藏品。张先生在接受媒体采访时曾说，“如果不会买卖，就不能造就我今天拥有亿元的丰富藏品”。可见，在收藏中学会买卖是十分重要的一环。在收藏过程中学会买卖，不仅可以使资金周转加快，还可以通过市场来检验收藏品的流通性。在收藏市场上，有的投资者平时过着节衣缩食的生活，收藏过程中只买不卖，虽然拥有一些自以为丰厚的藏品，最终却可能因为藏品的流通性差而受损失。

4. 收藏要有超前意识

在 20 世纪七八十年代的古玩市场上赝品还不是很多，而且当时的真品价格也比较低，林散之、黄宾虹、张大千的书画每幅才卖 50 多元，但在当时很多人认为买那个东西有什么用啊，还不如听个戏或聚集三五好友到茶馆喝口茶。而到现在这些书画的价值早已经高达几十万元甚至几百万元了，再想买可没那么容易了。

所以说，作为一名收藏投资者就要具备前瞻性眼光。在什么东西还没有火起来的时候就得看见它的发展前景，也就是对未来市场趋势的把握。当时一些地方的古玩交易就已经十分活跃，再结合我国的经济发展形式，人民生活水平的提高，艺术品收藏必将成为一个新的投资热点。由此看来，收藏投资者超前的意识对于收藏投资而言非常重要。

5. 收藏要量力而行

收藏品投资的风险也是比较大的，这就要求投资者要有较多的“闲钱”，不要将日常开销的钱也用于收藏投资。如果举债投资，又找不到很好的变现渠道，那么在经济上就会有很大压力。生活都得不到保证，收藏投资就失去了它的意义。

收藏投资作为一种高雅的理财，其名利双收的特性更是吸引了无数人投身于此，其中不乏投机者。然而，世界上没有免费的午餐，高收益带来高风险，面对各类投资品种，投资者应具有良好的规划能力。

收藏入门有何诀窍

艺术品投资主要包括字画、古玩、邮票、钱币等。与其他投资相比较，艺术品投资有其独特的性质，在操作上讲究一定的策略，选择艺术品投资需要投资者具备一定的文化艺术修养，而且要有一定的专业知识。

总之，真正值得投资的艺术品必须具备以下几个条件。

1. 具有国际行情的艺术品

一般来说，具有国际行情的艺术品更受人青睐，受益的可能性也较大。

2. 真品

收藏品的真伪是决定投资的最主要条件。由于代笔、临摹、仿制及故意伪造，赝品非常多。再好的赝品其投资价值也非常小。

3. 精品

许多艺术家一生创作虽多，但称得上精品的并不多，而且有些还被收藏者终身锁定。所以若资金丰厚，应选择精品投资。

4. 大作

大作一般都含一定的背景题材，由于画家一生中精力有限，大作很少，故大作的价值比普通作品高出许多。

5. 齐全

齐全不仅包括同一种类的艺术品要齐全，而且要求每件收藏品应保存完好。

6. 稀罕

在艺术史上，那些独树一帜的艺术品，是收藏投资的稀罕品。那些具有创新意义、开先河的收藏品也极有投资价值。

就收藏品种类而言，同样是“物以稀为贵”。在人们还未意识到某一类收藏品的收藏价值之前，抢先进行收藏，不但容易收购，而且价格较低。一旦该类收藏价值为大多数人所认同，收藏的难度就要大得多。而此时，抢先入市的投资者就可以高价售出他的收藏，凭借其独到的收藏眼光而获得巨大的投资回报。

对于初涉艺术品投资的人来说，选择去拍卖行竞买的方式进行艺术品投资是一个比较好的选择，因为拍卖是杜绝赝品的有效方法。这样因经验不足遭受损失的可能性会很小。至于你最终选择标的的优劣，就要靠你的鉴赏水平、对市场行情的了解程度了。

书画投资有窍门

书画投资的收藏窍门要从提升自我鉴赏水平做起。我国著名书画家徐邦达先生说过：“市面上卖的我的画，百分之九十九是假的。”看来书画藏品市场也是滥竽充数的情况多。这就更要我们在投资之前掌握一些投资窍门了。

1. 投资前要掌握的三要素

（1）购买书画不要贪便宜。如果一幅画署名为名人之作，但价格不高，这里可能有问题，要仔细琢磨。因为作品的价格往往与画家的艺术水平、名声大小、作品的精粗、画幅的大小成正比。在正常的市场条件下，“一分钱一分货”是绝对的真理。

但这也不代表价格高就是名人的真迹，也有人把假货当真货卖高价。总之名人好作品，在市场价格低时，就不能图便宜，要认真鉴别。

（2）作品个性不显著者不能取。个性是艺术的生命，是艺术品的灵魂。没有个性的艺术品是乏味的。那些大路货往往经不起时间的考验。而那些个性鲜明、特色独具的作品，虽一时未被人们所认识，但其潜在的价值较大，如中国画家林风眠、黄宾虹等人，以前不为人们所重视，后来却成了有名的大画家，因为他们的作品富有鲜明的个性，艺术价值极高。有的书画家的作品虽说看上去不错，但与某派、某家相似，这类跟风之作大多不可取。艺术作品应具有独特的艺术价值，而不是重复别人的翻版之作。

（3）不被画家的名气所迷惑。一般人收藏往往趋名而忘画，遇到名家的作品就认为是好的，殊不知名家也有“劣质产品”，如果不巧你得到的是这样一件作品，不仅不划算，还会贻笑大方。因此购买之时，一定要十分认真，千万不可大意。

2. 收藏过程中要注意看画家等级

1989 年 2 月，国家文化部制定了《建国后已故著名书画家作品限制出境的鉴定标准》，作了三条规定：一是其作品一律不准出境的有 7 人，徐悲鸿、傅抱石、潘天寿、何香凝、董希文、王式廊、李可染；二是各时期代表作品和精品不准出境者有 66 人；三是地方性书画家作品可参考第二项名单和标准，适当限制出境。

而对于古代书画家其等级划分，史书已有定论，基本形成三个概念：一般书画家，是指书画水平较高而成绩可观者。二是著名书画家，是指在书画艺术方面成绩突出者；三是杰出的书画家，是指在书画史上成绩卓著者。再者投资者不要进入一个误区，那就是画家的等级越高其作品就越贵。讲价格的时候书画家的级别只是一个前提，而制约价格的直接因素还有其他三点：题材、画幅、品位。如果一级画家的作品是普通题材，画幅较小，品位不高；而二级画家的作品不仅题材好，画幅大，艺术品位还比较高，那么二级画家的这幅作品的价格就必然会超过一级画家的那幅作品的价格。所以衡量书画家作品的价值时，也不能单以等级而论。

3. 收藏的基本技巧

第一，多学多问。广泛收集有关自己的藏品的资料，进行系统的学习和分析，多多请教专家，与藏友多交流。这个时代是一个讲求信息竞争的时代，谁掌握的信息多谁就把握了的制胜的关键，“入一行学一行，才能干好一行”是亘古不变的真理；“独学无友则孤陋而寡闻”“三人行必有我师焉”，多多交流，虚心求教也让我们获益良多。

第二，不要四面出击，广泛收集。“专一”是取胜之道，泛泛而学的结果往往是多而不精。收藏也要选择一个门类，集中精力弄懂弄通，练就一项投资收藏的“必杀技”。只有一个目的地才能快速到达。

第三，不要购买有争议的作品。因为书画市场上的伪品甚多，如一件藏品广受争议就不要坚持己见，不去买。买错了丢了资金不说，还挫了锐气，伤了胆识。如果甚是喜爱，可请行家先行鉴定。

“窍门”还是要基于扎实的知识水平和鉴赏基础之上的，俗话说“艺无古今，书画作品要按其本身所含的艺术价值去衡量”。所以投资者要进行投资，还是重在提高自身鉴赏能力。

珠宝投资的技巧

人们面对珠宝总是迈不动脚，但要做珠宝投资生意也要讲求技巧。

随着珠宝进入拍卖市场，很多人就将其作为投资工具的一种。和股票、房地产等金融投资相同，投资珠宝具有一定的风险，且具有一定的局限性。所以，我们总结了一下投资珠宝的三大投资技巧，以规避不必要的风险。

提起珠宝，很容易让人们联想到美丽与高贵。但由于珠宝身价水涨船高，特别是蕴涵着巨大的升值潜力，市场上的赝品也层出不穷：将合成祖母绿当作天然祖母绿，将合成碳硅石冒充天然钻石，将石榴石标为红宝石……

现在，许多人喜欢收藏翡翠玉器，但由于原材料含有杂质及氧化物，成品较多瑕疵，为了让器物更加漂亮，商人通常会将其用化学方法漂白或加色，再以树脂充填，这样看起来就“完美无瑕”了，内行称之为“B 货”。还有的将颜色等级很低的“泛黄”杂质白钻当成黄钻石销售，或采用高温成型工艺将白色钻石“染”成蓝色钻石。如果用精品的价格买入这些珠宝，就等于钱打了水漂。珠宝的价格受色泽、做工、重量等诸多因素的影响，因此，珠宝投资的风险也更大，小心买到赝品上当受骗。为此，在选购时一定要索取国际公认的鉴定书，以确保珠宝的品质与价格。

相比之下，股票、债券不管是亏了还是赚了，可以马上变成现金，而珠宝却没有这样的快捷性。其次，珠宝价格不像股票、黄金那样涨跌明显。珠宝市场特别是钻石市场多年来始终呈单线上升的状态，略有所降但不明显。在这升与降之间，降得少市场比较难赚钱。但从另一方面也说明了珠宝投机机会少，一般珠宝都得收藏 3 年以上，会有约 50%的增值。所以珠宝投资不能有投机心理。

中国家庭中有很多都收藏有珠宝，不少人还将珠宝作为一种投资工具。但是，由于珠宝收藏门槛不低，有时花大钱买来的却不值这个价，更没有升值潜力可言。因此，只有做足功课，才能找到真正的投资机会。

珠宝投资，必须选购具有市场价值的珠宝，即数量稀少，但需求量日益增加，价格不断上涨的珠宝。

不论选购何种珠宝，最好到专业水平较高、信誉良好的珠宝店去选购，不要选购打过折的珠宝。因为投资必须选择佳品，才能确保其市场性与增值性。

小心驶得“万年船”，虽然珠宝属奢侈品行列里的“细软”，具有很高的保值增值的作用。但也因其这个原因造假层出不穷，所以，投资者应做到以上投资原则，谨慎为之！

小邮票赚大钱的基本技巧

掌握市场行情、确定投资目标、讲究进票与放票的时机等，这些都是邮票投资的基本技巧。

刚开始进行邮票投资，首先应掌握一些有关邮票方面的基本知识，如邮票的种类、品相、真假邮票的鉴别等。这样，面对各式各样的邮票才知道从何下手，还要逐渐学会一些有关邮票交易的基本技巧，这对于邮票投资者来说是至关重要的。

1. 掌握邮票市场行情

要掌握邮票市场行情即了解邮票的发行情况，了解邮电部门一年内将发行多少套邮票，在哪个时间段发行，每种邮票的发行量等。了解国家对邮市的基本政策动态。

2. 确定投资目标

在对邮市行情有了一个基本的了解之后，就该确定投资目标了。首先，应确定是短期投资还是长期投资。如果经济基础雄厚，就做长期投资；如果钱不多就做短期投资。再次，确定合适的投资对象。不光中国有邮票，国外也发行邮票，那么面对成千上万的邮票品种，是投资中国票还是外国票；是投资整版、整封的整票，还是经营散票。这就要根据自己的自身状况来确定了。对于初入邮市的投资者来说，投资对象以散票为宜，特别以小型张为宜，它们具有增值快，出手快的特点。也可适当选择一些热门票。

3. 掌握进票与放票的时机

通过对邮票的进票与放票可得到较高的利润。但需要把握好进票与放票的时机，否则就有亏本的可能。但是，邮市上的价格瞬息万变，进票与放票的时机不是一下子就能掌握的，它需要不断地学习和磨炼，需要冷静分析和积累经验。

但凡是投资者都希望在最高价格时抛出，最低价格时吃进，那么，如何把握票价的较低和较高价位呢？这需要对影响邮票价格的经济、政治、舆论、社会、资金等因素进行全面分析、比较，然后再得出结论。一般情况下，邮市的低潮期正是进票的大好时机，高潮期是放票的最佳时期。

在选择进与出的时机时，要抓紧时机，当机立断。面对失败，要总结经验教训，在实践中逐步学会把握进与出的时机。

4. 步入邮市需要讨价还价

为什么有的人在邮市上买的邮票就价格便宜还质量上乘，而有的人却花了不少钱买的是冤枉货呢？这差异就在于会不会讨价还价。如果你是卖主，开的价就不能太高，因为人们决不会只在一个地方问一个价就买。开价过高等于把顾客推给别人。而如果你是买主最主要的就是看邮票的品相，找缺陷、挑毛病，品相不好的价给的就不要太高。

5. 对抗邮价暴跌的策略

邮价下跌的原因不外乎两点：第一点是人为因素的影响，大户把邮价炒到一定高度后，然后大量抛出手中的邮票，就引起了邮价的暴跌。这种因素造成的邮价暴跌持续时间一般不会太长，少则五六天，多则半个月至一个月。第二点是外界各种因素的影响。该种因素的影响时间一般比较长，差不多时间段在半年或几年。

对抗第一种邮价暴跌的策略是：等大户抛出的邮票被邮市消化，价格出现反弹时不急于卖出，因为此时由低价位开始向高价位发展的邮价其涨幅很可能比上次没跌时还高。所以，沉住气，等到邮价涨到一定程度时再抛出。对抗第二种邮价暴跌的策略是：在那种情况下，邮票压在手中的人应该看清形势，及时卖出，即使是“跳楼”价也要卖，不要怕亏本，否则，邮价可能还会在长时间里跌得更低。

要想在邮票投资中实现效用最大化，不光要掌握邮票的基本知识，提高鉴别能力，还要结合巧妙的投资策略。

规避收藏投资风险的四大技巧

虽然现在人们常说：“改革促发展，盛世收藏兴。”但风险还是要注意的。加入收藏行列也需要一定的风险意识，因为收藏市场瞬息万变，稍有不慎财产便可能遭到损失。因此只有了解收藏行业的风险，才能有效地进行风险规避。

1. 规避品相风险

在收藏品市场交易中，绝大多数收藏者都倾向于购买品相尽善尽美的收藏品。

如在 1997 年广州中国首届字画拍卖会上，一枚品相较好的鲁迅诞辰一百周年纪念票小型张以 3 万元成交，一枚品相较差的鲁迅诞辰一百周年纪念票小型张仅以 1.30 万元成交。同样在邮市上，一枚上品生肖龙票能以 6 000 元左右成交，而一枚下品的生肖龙票恐怕 600 元也难以出手。所以，艺术品的品相在市场交易中至关重要。

既然如此我们就要规避品相风险。从收藏投资的角度来看，买方的选择余地是很大的，所以要选品相一流的邮票，要么就以此作为讨价还价的筹码，规避因品相问题而带来的风险。

2. 规避价格风险

在收藏品行业中至今都没有哪个品种的藏品的价格是固定的，而且藏品的价格也不会像股票行情那样一目了然地显示在股盘上；经常有拾荒人在乡下以几十元的价格买入一件物品，到城里的地摊儿交易市场卖几百元，到了懂行的专家手上，价格可以达到数万元甚至上百万元。所以投资者就要规避价格风险。

20 世纪 80 年代后期到 90 年代初期，日本泡沫经济魔术般地不断膨胀时，日本企业不惜巨资在国际上大肆收购世界名画。毕加索的《波埃莱特的婚礼》油画，当时被一家日本旅游开发企业以 75 亿日元买进，后来该企业破产，此画所有权转给负责旅游点工程建设的企业，岂料后者也很快又陷入困境，于是再抵押给银行，根据美术商估价，这幅画最多值 20 亿日元而已。

通常而言，影响收藏品的价格的因素有：买入时机、买入地点、卖出时机、卖出地点和买卖双方的不同而不同。这些因素直接或者间接地影响收藏品收益率的高低。因此，规避风险要做到积累关于收藏的相关经验，及时掌握市场行情。

3. 规避赝品风险

藏品投资的市场里赝品比比皆是，投资者一不小心就会花大价钱买个不值钱的假文物，造成经济损失。也许很多人会说：“我从拍卖市场上拍不就得了，总不会有假吧。”殊不知拍卖市场也有赝品啊。

一位藏家去为一企业老板鉴定，这位老板共花了 700 多万元购买了五六十件现当代名家字画，结果鉴定下来只有 3 件字画是真的，其他都是假的。尽管他这些字画几乎都是从拍卖场上买来的。

此时，也许又有人会说：“那我就将拍卖公司告上法庭，让他赔偿我的损失。”说到这一点，更要提醒大家了，我国《拍卖法》中规定：“拍卖人、委托人在拍卖前声明不能保证拍标的真伪或者品质的，不承担瑕疵担保责任。”可见艺术品拍卖并不对推出的拍品做真赝担保，无疑，其买卖风险就完全的转嫁到买家手里了。所以，投资者在进行投资时一定要慎之又慎，冷静分析，查明真相。必要时请专家鉴定。

4. 规避政策性风险

投资藏品有一个禁区，那就是国家明令禁止的保护文物不能用于投资买卖，一旦违法，就会受到国家法律的制裁。因此，投资收藏者还应对国家出台的相关法律有一定的了解，如对《中华人民共和国文物保护法》《文物藏品定级标准》《中华人民共和国拍卖法》《中华人民共和国文物保护法实施条例》等相关的法律法规进行学习，才不至于无心办坏事，最后钱没挣到反而使自己锒铛入狱。

改革促发展，盛世收藏兴。但收藏市场里还是有很多陷阱和政策上的不完善，使买家承担着很多的风险，所以，如履薄冰，规避风险是很有必要的！

不同市况的不同操作策略

任何投资市场都有牛市、熊市、猴市的情况划分。牛市和熊市大家都不陌生了，那么什么是猴市呢？猴市即指在所考察的交易日里，投资的价格没有明确的上升或者下降的趋势，市场分化比较严重，价格变化不稳定，猴子总是蹦蹦跳跳的，所以就用它来比喻投资物价格的大幅振荡。那么，面对这几种情况该如何应对呢？具体情况具体对待，让我们从最坏情况的熊市说起。

首先，处于熊市状况时的操作策略：

降低平均买入成本在收藏者错误的预期下，买下了某种收藏品，结果该收藏品的市场行情一天冷似一天，那么，他要么抛出，要么就继续持有，理论上我们建议投资者继续持有，而且在持有该藏品的过程中，可以慢慢买入价格在平均下跌的这类藏品，从而降低平均买入成本。不过也要适可而止，不可大量吞进，要为以后的出手做打算。一旦这种收藏品的价格开始反弹，就要寻找机会快快出手，这就是人们常说的“慢慢买，快快出”，以免错失时机而被再度“套牢”。

其次，处于猴市时的操作技巧：

积少成多。在行情出现猴市时，投资者可不必观望，行情一旦上涨就卖，行情一旦下跌就买，不要觉得自己这是在投机倒把，猴市时规避风险最重要。尽管每次所获收益不大，然而，如果反复多次，积少成多，总收益还是相当可观的。

再次，处于牛市时的操作技巧：

积极入市，以藏养藏，利上加利。收藏市场处于牛市时，收藏者手头的资金又充裕就要积极入市，以期获得更大的收益。收藏者可以适当地买入某种收藏品，当其价格上涨时，适时卖出。如果预期的市场还在涨的话，就应继续买入，同时也可以相应的出货，然后用所得利润继续买入，这就是以藏养藏，利上加利的策略。这种操作技巧，在于把握好买入和出货时机，只要时机不差太多，就只是赚多赚少的问题。

在投资过程中，每个投资者都有自己的一套技巧和方法，但无论是哪种技巧方法，能够规避风险，取得收益才是关键。

第四章
理性消费，省钱也是理财

第一节　做个精明的消费者

树立正确的消费观

很多刚毕业的年轻人自称是“白领”，当他们发了薪水之后，交了房租、水电气费，买了油、米和泡面，摸摸口袋剩下的钱，感叹一声：唉，这月工资又“白领”了！这些人是典型的月光族，不管挣钱多少，他们总是经常没钱，经常借钱。

这是因为他们采取了一种盲目消费的方式，有钱时什么都买，什么都玩，甚至没钱时也随便超前消费，结果导致自己成为“贫穷一族”。

要想摆脱“贫穷一族”，一定要树立正确的消费观念，避免不正当的消费行为。

1. 明白自己的财产状况

要对自己的财产状况有个清醒的认识，不要成了“负翁”还不自知。一个家庭每月还款的月供最好不要超过家庭月收入的30%~40%，在这个范围内，家庭财务才可以承受。

2. 优化组合负债

在负债的情况下要统筹考虑，为减少利息支出，可以尽可能地利用利率最低的品种。如果贷款占家庭收入的比重比较高，可及时调整贷款期限和贷款种类，如与银行协商，把贷款期限延长，减轻压力，再用余下的储蓄及时还清装修和购车贷款，节省利息。

3. 要确立生活目标，拟订理财计划

每个人都要对自己的人生有一个规划，然后根据人生规划的进程，了解自己在不同阶段的生活需求，了解自己的开销，确定收支记录，建立必要的预算，拟订短、中、长期的财务目标，再根据此制订理财计划。

在确定财务目标时，不能太高，避免给自己造成太大的压力，也不能过低，使自己失去理财动力。

在制订理财计划时，必须考虑实际的财务能力，并定期检验、弹性调整，让理财计划不致成为生活负担。

4. 养成记账的习惯，避免财务漏洞

只有懂得记账的人，才能清晰地明白自己的资产情况，才能习惯去积累资产。

5. 养成良好的消费习惯，做到先积累再消费

不要以为超前消费是一种很时髦的消费方式，就一味地去满足自己的消费欲望。这样，你就会对支出数字渐渐麻木，等到信用卡刷爆之后，再后悔就已经晚了。

6. 养成储蓄的习惯

所谓“聚沙成塔”，那些百万富翁的钱也是从一笔笔小额存款累积而成的。你最好给自己定个目标，每月选择往一个专设的户头里存钱，如通过银行“零存整取”“整存整取”或者定期定额购买基金来强迫储蓄。

7. 尽量少用信用卡

如果你是一个月光族，经常克制不住自己的欲望，冲动购物，那么最好有意识地要求自己少用或者不用信用卡，只带预算内的现金出门，这样较不容易超出预算。

8. 开源节流

要做到开源节流，就要增加收入来源、减少支出项目。

在理财之初，首要的财务目标应是储蓄 3 至 6 个月的生活必需准备金，以备不时之需。

购物不要冲动

冲动性购买，就是指那些没有经过充分了解、比较，也没有经过慎重考虑，看到别人买自己也去购买，或被一些夸大的宣传所欺骗，一时感情冲动而去购买商品的行为。

很多人都或多或少地犯有这样的毛病：控制不住自己想买的冲动，但是买了又后悔……

那么如何才能避免冲动性购买呢？

1. 要了解我国市场的现状，不被夸大其词的广告所迷惑

就拿家用电器来说，电视机、电冰箱、收录机、洗衣机等产品，有的市场上还供不应求。而一些不具备生产条件的企业为了赚钱，生产假冒次劣产品，坑骗消费者。

对于这些情况，消费者要充分估计到，提高警觉，注意鉴别，不要被广告宣传所迷惑。凭一时冲动，购买质量差的产品，过后维修又不保证，那将会带来许多烦恼。

2. 购物要有计划，不能盲目

在购物之前最好要列个清单，对于要买什么做到心中

有数，只有购买了真正需要的东西，才不会因为冲动购物而后悔。

在提前计划好后，也不要急于出手，而是要多转，多留意商场的打折信息，同时关注一下日常物品的价格，等到合适时再拿下。

一般情况下，节假日、店庆、开业、重新装修、转让清仓时商店会打折。店庆、开业比节假日打折力度要大，平时一些从不打折的商品或多或少有些折扣或赠品。重新装修、转让清仓一般打折力度比店庆更大，往往能淘到超值的东西，但你要保证自己有足够的时间。

此外，有机会一定要办会员卡，除了享受折扣，而且什么打折活动都会有短信提醒。如果你看上一个很喜欢的商品，但是购买机会少，也可以向朋友借会员卡购买。

3. 要学会砍价

买家电或者数码产品时，尽量货比三家，找出报价最低的一家，以这个底价换家商场再讲价。一般情况下，只要价格合理、不赔钱，为了拉住这个客户，商家会选择作出让步。

当然，讲价不能太离谱，毕竟商人也要赚钱。如果商家给出一个低得你都不相信的价格，说不定是商品质量有问题。

4. 谨慎购买流行产品

流行并不代表永恒，一定要记住这一点，理智对待流行商品。

流行商品一般指本年度或本季流行和时髦的商品，多是衣服、鞋类、饰物和一些日用品。

流行商品大多款式新颖、别致，刚推出的时候非常具有诱惑力，价格会很高，而一旦流行风退却后，价格会猛跌。

盲目追赶潮流，购买大量的流行商品是弊大于利的。

首先，容易流行的也容易过时。因为流行商品大多是时尚产品，一旦过时，就会失去其魅力，随之降低或失去使用价值。

其次，流行商品会掩饰一个人的个性。流行商品之所以流行，是因为它迎合了大众的口味。但是过于大众化，穿用起来就会缺乏个性色彩。如果你十分注意个性风格，这种商品一定要回避。

最后，流行商品很容易出现假冒伪劣商品。当某种商品一流行，会被大量仿制，其中不乏粗制滥造者，令人真假难辨，购买时稍不注意就会买回劣质假冒货。

所以，对于大规模流行的商品，选购时一定要慎重考虑，避免造成不必要的浪费。

5. 谨慎购买打折商品

季末、周末、店庆、节日……都是商家打折的最佳时机。消费者在购物时，要摸清每个商品的打折习惯，一些常年不打折的品牌具有保值性，只要需要，在保证质量的基础上随时可以买；那些总是减价的商品，如果只打8、9折可以等一段时间再决定是否购买……

选择大商场、名牌店，质量有保证，还能以打折价享受名牌设计。

在购买衣服时，最好事先对适合自己及家人风格的款式做到心中有数，然后在购买时要注意服装吊牌上的成分和价格，有时有些商品即便打3折，但因底价太高，依旧不划算。

对于高档服装，如皮装、羊绒大衣、西装等，不会一两季便淘汰，可以趁打折时选择适合个人风格的基本款式，可以穿好几季；像衬衫、毛衣、T恤、牛仔裤等百搭的衣服，可趁打折多买一些；名牌店的围巾、手套、丝巾、皮带、钱包等饰物，只要设计风格适合，可多用两季，不易淘汰，可趁打折时买进；套装最好买整套的，同一品牌推荐的一套完整搭配，一般都很不错。

季末打折前可以先注意下季流行趋势，选择颜色、款式时要有超前眼光，在选择时要有方向性，考虑到自己缺哪方面的服装。

另外，在购买“打折”商品时，消费者还要注意以下几点。

首先，在购买打折商品时，一定要保持理性购物的心态，在选购商品时，不要单凭价格决定消费，而是要注意商品的内在品质。此外，也要注意商家出具的打折商品发票的内容，因为如果商家在发票上标明“处理品”字样的，按照我国的法律规定，处理商品是不享受“三包”售后服务的。

抛弃错误的消费习惯

1. 远离奢侈品

有一位富翁说：“其实我们的消费并没有小说里写的那样奢侈。多年来，我一直坚持一个原则——舒适即可，杜绝奢侈。因为，由俭入奢易，由奢入俭难。有再多的财富，也会被这些奢侈品消耗掉。”

如果你有 100 万元人民币，你可能买不起一瓶 1787 年拉斐酒庄葡萄酒，它在售出时，为 16 万美元。如果你有 1 000 万元人民币，郑州奢华物品展上的一套海南黄花梨家具就能把它耗光——该家具的价值是 1 172 万元人民币。如果你有 1 亿元人民币，凡·高的一幅《没胡子的自画像》是买不到的——该画售价 7 150 万美元。如果你有 10 亿元人民币，毕加索的油画《拿烟斗的男孩》也差不多将其耗光——该画以 10 416 万美元的天价售出。

不要怀疑这位富翁的话，就算你再有钱，可还是有你付不起账、买不了的奢侈品！买了一些并没有什么实际用途的东西，却花了大量的钱。只要是会算账的人，都知道根本划不来。

2. 远离攀比心

大多数人都有攀比心。有时候，这种心态可以激发人的潜力，去努力工作，努力得到他人的尊重；有时候，这种心态会让人狂傲孤僻，众人疏离。

出现攀比心是很正常的，但是只要能自己把握好，就没什么可担心的。

攀比心过强的人永远都不会觉得满足，欲念比一般人都要强，时间长了，其身体和心理上都会出现问题。攀比一旦成性，就不容易改掉。在攀比过程中的一笔笔费用，足以把你压得喘不过气来。一件名牌衬衣，一辆高档轿车，一栋装修的豪宅，等等。这些看起来让你足够炫耀的物品，哪个不需要钱？想要理好自己的财，你就必须消除攀比心。

攀比心既然有如此多的危害，怎样才能避免它呢？

选择适当的参照目标。俗话说：“会选择适当目标比较的人，能比出快乐。”也就是说，如果你选择了比较接近，并切合实际情况地进行比较，那就不算是攀比，而是上进的动力。

放宽心态，用更高的人格标准来要求自己，不在繁杂的社会中过于执着或者痴迷什么，拥有这样的心态，才能拥有平静的生活。

适当给自己减压。在自己的确不如别人的时候，不要打肿脸充胖子。适当给自己减压，可以更好地认识自己。“尺有所短，寸有所长”，要善于发现自己的优点，不断肯定自己，才能让自己生活得更愉快。

3. 远离“透支”消费

自从银行提供了信用卡“透支”服务之后，人们就可以用今天的卡，花明天的钱。许多人为此欢呼不已，当然整个社会的经济发展也会因为消费的繁荣而被带动。可是，我们也要看到，透支是具有两面性的。如果透支是为了投资或者其他经营性目的，自己又有一定资产可以相抵，那么这种投资可以一试。如果是为了消费而透支，就不太理智了。

“透支”消费，一方面会增长不必要消费额度，另一方面会养成爱花钱的不良习惯。很多人在过度地透支之后，由于还不上钱，成了“卡奴”。提前消费的钱在银行利息的滚动下，变成了更多债务，几年，甚至十几年都要不停地还。本想做金钱的主人，可是却提前做了金钱的奴隶。

坚决不能再“透支”消费！不能再为了还钱而生活。

因此要做到：时刻检视自己的消费习惯，提醒自己不能透支。一旦发现透支，要立刻调整消费结构，把欠款在最短的时间内还上。

切记：“不以透支小而屡为，不以透支少而不还。”

远离“月月光”的恶性循环

乐乐从学校毕业已经两年多，目前虽然工作稳定，但薪水不多。她每天坐公交车上班，梦想着买辆车。下班之后，她最大的乐趣是逛街、泡吧、喝咖啡，最熟悉的地方是各个百货商场。她总是抱怨说：“哎呀！半个月薪水还不够买一条裙子，上个月刷卡买的皮包现在还没还清！逛商场就是好，可没钱干瞪眼也难受。”

她拖着疲惫的身躯回到家，看了看挂在墙壁上的写真照片，那是上个礼拜拍的，花了一千多，她觉得还真是“物超所值”。正沉醉着，房东先生一阵“猛敲”：“喂喂，那个乐乐小姐，你到底交不交房租？再不交只好麻烦你搬走了。”

在年轻人中，奢侈地享乐，过度消费的生活习惯，让他们每个月的钱都存不住。于是就形成了一个特殊群体——“月光族”，其中以女性居多，又美其名曰“月光女神”。

“月月光”“月月光”，到了月底，工资肯定光。这在我们眼中已经不是什么新鲜事，大家都见怪不怪了。

“月光族”表面上看起来光鲜亮丽，让人羡慕。可是他们的生活是没有资金保障的。没有备用的钱，生活就潜藏着巨大风险。而要改变已经形成的消费习惯并不容易，所以，时间久了，“月光族”就很容易借贷度日，然后在发工资的时候，接着“光”下去。月复一月，年复一年，恶性循环。这种人别说理财，基本生活都成问题。

你是不是也是一个“月光族”？

面对恶性循环，你能怎么办？

以下几个方法，你可以试试。

储蓄法。在工资发下来的时候，第一时间去银行，将钱存在银行里，最好是定期，可适当选择存期。在克制自己花钱欲望的同时，也为自己积攒了一笔钱。

现金法。在每次消费的时候，用现金付账。当你清楚地看到自己的钱被花掉时，会对自己的消费有个大体的了解，也会为多花的钱而感到难过。不会像刷卡的时候，即便把卡刷爆了，也不知道心疼。

心理暗示法。在消费的时候，不时地提醒自己：“要省钱，要努力战胜自己花钱的欲望。”哪怕一天只攒下 10 元钱，都是一个小小的成功。日积月累，最终就会摆脱“月月光”的困境。

三大注意事项让你告别“负翁”

争做“富翁”，不做“负翁”。投资理财的目的是做个有财富自由的人，享受快乐，而不是在沉重的财务负担下痛苦地挣扎。

当今社会因超前消费存在着很多“负翁”，他们往往集中在城市，充满了靠自己的能力能够还贷、能够创造美好未来生活的信心。他们的年龄多在 25 岁至 40 岁之间，大都拥有高学历、高收入及高职位。尤其是像在北京、上海、深圳、广州等这些“移民”城市，他们还被媒体称为“未来的精英”人群。

赵先生是研究生学历，参加工作已经 5 个年头，月工资将近 10 000 元，为了自己住着方便，购买了一套商品房，首付父母支援，月供是 5 000 多元，期限为 35 年的。后来他又贷款买了一辆“保时捷”，现在每月还款 3 000 多元。这样每月的月供的就增加到了 8 000 多元，除去日常开销，赵先生简直就是“一贫如洗”。

每天早上一睁眼，赵先生躺在床上的早课就开始了，先睁左眼，房子每月要还贷 5 000 多元；再睁右眼，汽车贷款还欠十几万元。每月的工资条还没捂热，卡里的钱就被银行扣去了大半。剩下的 2 000 元，养车、加油、物业、水电又花去大半，日常花费已所剩无几。赵先生本以为自己思想够新潮，观念够前卫，奔向了贷款买房买车的“中产阶级”，却没想到会背上如此沉重的经济压力。以前赵先生挺大方，也很爱面子，但现在和同事吃饭埋单时他能躲就躲了。

赵先生就是现在这个社会非常典型的“负翁”。现在，中国城市中靠向银行举债提前过上有房有车的生活的“负翁”们越来越多，中国社科院的一项统计显示，中国仅北京、上海这两大城市的居民家庭整体负债率就高于了所有欧美家庭的负债率。

事实上，“负翁”本身的经济承受能力在社会经济发展比较稳定的情况下，还是可以支撑的。但如果出现大的经济动荡，他们的经济承受能力就相对脆弱。恶性经济的冲击，必然导致“负翁”们的还贷能力下降，引发拖欠还贷或无法还贷的现象产生。贷款是有利息的，尤其是在中国人民银行调高贷款利率后，这群背负债务的“负翁”就势必要承受更重的利息负担。

我们投资理财的目的是获得财富，是为了避免没钱花的痛苦，享受物质带来的快乐。而“负翁”的身份却是一种金钱的“奴隶”的身份，且很有可能变成恶性循环的狼狈身份。我们若要想过上财富自由的生活，就要先摆脱这个身份。回避“负翁”身份，我们要做到以下三点。

首先，要控制个人债务。在借贷之前衡量自己的经济能力，对风险有清醒地认识，过度的负债将成为沉重的负担。

借贷的一条基准线是个人负债不超过个人总资产的50%，如果超过这条基准线，个人资产的安全性就难以保证。如果自己将来的收入没有一定比例的增长，这种负债就会造成一种巨大的经济压力和精神负担。

其次，要避免过度消费。过度消费是个危险的行为，在进行消费前请确定该项消费是不是在自己的经济承受范围之内，或者该项消费造成的信贷负担是不是自己所能背负得起的。有些人在进入房地产卖场后，本该购买小户型的购买中户型，该买中户型的买了大户型。正是这种个人欲望的膨胀，增加了不必要的个人消费，增加了信贷偿还的压力，增加了家庭负债的比例。

再次，谨慎使用信用卡。适度的负债能够让人们享受生活的乐趣，提高生活的质量，但过度负债，利息加重则会成为负担。对于使用信用卡的人来说，要使自己不成为“负翁”，就要避免超出个人还付能力的刷卡消费，因为一旦自己的经济收入不稳定，就有可能陷入经济负债的泥潭。另外，欠信用卡贷款会被银行列为风险客户，增加自己的信誉风险，负债严重还会影响房贷、车贷等个人信贷业务的办理。对于自制力较差、花钱欲望又旺盛的消费者，可抛弃信用卡消费，转而使用储蓄卡消费。储蓄卡的好处在于保持了便利的特点外，它不能够透支，这在很大程度上可以抑制消费的欲望。对“负翁”来说，先学会投资理财后再消费是非常必要的。因为只有足够的闲钱，留存部分额度的可支配收入，才是为以后更好的生活奠定坚实的基础。

第二节　日常省钱有高招

花钱少，也能享用美食

民以食为天。随着生活水平的不断提高，人们越来越重视饮食了。再加上通货膨胀严重，吃饭似乎成了最划算的一种支出方式，许多人都有一种错误的观念——“我想吃什么就吃什么，吃个饭还能花多少钱，总比买衣服便宜多了吧！”

其实，不然。事实上，吃饭对于工薪族来说也是一笔不小的开支，有时候出现的情况是花了钱未必能吃好。特别对于工薪一族来说，平时忙于工作，需要什么的时候就马上购买，没有时间去斟酌食品的性价比。

青雯是都市里典型的工薪族白领，平时忙得没时间去购物，基本都是到了周末一下子解决。一个星期天，青雯又从超市买回一大堆东西，以备下周一家人的生活之需。正当她大包小袋拎着走到小区门口时，遇到了邻居蔡大妈。蔡大妈向她询问食品的价格，青雯一一回答。之后，蔡大妈笑着说：“你的东西买贵了。在哪儿买的？”

青雯说在华联超市。蔡大妈听后，开始给青雯传授经验：“现在的超市那么多，其实各有各的优势。华联只是生鲜食品品种多，选择余地大；要是想买半成品菜肴，还是要去家乐福；如果购买米、面之类的主食或者牛奶、蜂蜜、鸡蛋之类，就去农工商，那是最便宜的；要是买日常用品，麦德隆里边算得上物美价廉……”青雯听得直瞪眼，自己还真不知道超市购物有这么大学问。

因为平时上班比较忙，买东西直接去超市是家常便饭。很多工薪族也都是带着休闲的心态前往的，但常常因为漫不经心，忽略一些购物小细节而花了冤枉钱。比如买到牛奶的价格与看到的价格不一样，如果离开了超市才发现，可能就欲诉无门了。

其实，在生活里省一块钱要比挣一块钱容易多了，把日常吃饭开销节约10%，生活其实没有任何改变。与开源相比，节流容易得多，这并非提倡我们把自己的目标放低，恰恰相反，其实是希望我们把对生活的要求，再提高一点儿。我们需要的只是一些小小的技巧，把吃饭用的钱花在刀刃上，一旦做到了这一点，就会发现：省钱，其实是件快乐的事情。也许很多工薪族觉得，自己哪里有时间去学习这些在牙缝中省钱的节省技巧。

那么，有没有一套可以照搬实行、既省钱省力又能买到好食品的技巧呢？答案是有的。下面我们给还在忙碌奔波的工薪层们提供几种比较可行的节省妙招。

1. 不当超市购物冤大头

社区附近的大中型超市商品质量有一定保证，而且不会发生缺斤短两的现象。因此，超市逐渐成了上班一族购买食品的主战场。虽然超市食品的单价相对较贵，但是可以选择那些大包装食品，一些原材料或半成品也是不错的选择，回家加工一下也并不费事。

折扣当然是工薪族在超市选择食品必须考虑的因素，但是购买食品时千万不要被折扣冲昏了头脑，买了一大堆，结果最后吃不完，一过保质期，全都变成了垃圾。一般来说，折扣越大，食品离保质期的时间越近。因此，对于折扣非常大的食品，不能买太多，以当天吃掉的量为宜。

如果稍微精打细算一下，这样一个月下来至少能够省下几十元。

2. 成为店铺常客，优惠多

工薪族的午餐时间一般比较少，快餐是最普遍的选择，最好的办法是办公室的同事们一起订餐。因为订餐数量较大，快餐店就比较重视，在质量上也比较有保证，花样也比较多，而且送餐上门又节省了时间。如果长期合作，快餐店还会提供一些其他的优惠。

有时候晚上下班，工薪族们可能也不愿做饭，那就可以在住所附近物色一家干净的小餐馆，经常去吃，老板就会对我们很熟悉，也会提供尽可能的优惠和便利。

3. 讲究实惠，不贪恋品牌

现在有很多人都喜欢买品牌食品、进口食品……其实是很不实惠的。我们所出的高价并没有使食品的质量得到提升，反而只是支付了关税、运输费和广告费等。相比之下，那些最本土化的、最普通的食品倒是最实惠的。

一些农贸市场周围总有来自周边农村的农民卖的水果蔬菜和甜点制成品，有一些也是相当不错的，而且不会像超市那些品牌食品那样添加了种类繁多的防腐剂和添加剂。

货比三家，同样衣服不同价

在全球金融危机的影响下，商家们也感受到这股寒流给生产和生活带来的冲击，早早开始了大规模的打折活动。于是，一到周末，促销活动此起彼伏。人们绝对不会放过这等天上掉馅饼的好事，即使在经济紧张的情况下，也会一下子买几套衣服都不眨眼。

物美价廉是我们在购物时的最佳目标，东西又好，价格又便宜，当然是最好不过了。事实上，我们不可能看到一个顶级品质的商品，标注最低廉的价格，价格总还是跟品质有关系的。我们唯一能做的，就是在符合我们使用要求的前提下，选择相对来说性价比最高的产品。要买新装的工薪族们，这时一定要货比三家，因为同一款衣服在同一时间，在不同商场它的价格可能要差 20%~30%。

一般来说，商场里的服装价签是我们购买衣服的一种参考，大多数人会相信一分钱一分货。

但是商家会在价签上大做手脚，大大抬高商品原价，然后再打折促销来吸引顾客的眼球。这就需要我们在买东西的时候一定要擦亮眼睛，多去几家店转转，货比三家，千万别上促销的当，把高价的东西买回家。

货比三家说起来容易，做起来也不简单，那么工薪族要如何来做呢？具体来说，可以参考以下几条。

1. 选择“含金量高”的促销活动

“买送”“打折”“抵扣现金”名目不同，我们享受的优惠也有所差别。市面上最常见的促销是“买送”，那么“买送”到底算是几折呢？尽管我们常常遇到这样的促销方式，却不是很清楚它的计算方法。举个例子，“买 100 赠 120 购物券”就相当于花了 100 元却买了 220 元的东西，即相当于四五折，但这要在购物金额刚好满百，赠券全部花完的情况下。

另外参加“买送”的活动时，一定要注意不要陷入循环购物的怪圈里，本想省钱却花了不少不该花的钱。其实，含金量最高的是直接打折或直接抵扣现金的优惠，因为它既能让我们把价格降下来，又不需要额外的花费。

2. 充分利用网络货比三家

时下，越来越多的人加入网络购物大军，体验这一便捷的购物方式，从事 IT 行业的吴女士一个月来在网上已经购物四次，大部分秋冬衣服都是通过网络购买的。网络购物很早就成了她生活的一部分，在平常工作之余，她经常登录一些购物网，留意上面的商品。

从网上搜一下就能知道当下的流行款。而且自己从网上批量订购，能够在本就低价的基础上再打折。“别人店里这款裙子一条要卖到 200 元钱，我在网上找了找，不仅价格便宜，多购还能打折，免邮费。”轻点几下鼠标，看中的商品就可当下成交，几天后，物流公司就会把商品送上门来。

不过专家也提醒，在网络购物时最好要货比三家，选择信誉度高的网站。

近些年来，网购、网络优惠券、拼团、网租等网络省钱新招层出不穷。很多人和吴女士一样成为“网购一族”。《中国青年报》通过腾讯网对 3 207 名网民进行了一项在线调查，这些调查对象中“80 后”占 72.3%，“70 后”占 21.3%。调查显示，54.9% 的人认为自己“比较省”。在使用的网络省钱法中，网络购物被使用得最多，占了 34.1%；紧跟其后的是拼车、合租、拼卡、代购等。

除了在下班后或节假日可以亲自到店里走走货比三家外，还可以利用网络货比三家，在网上货比三家只是几分钟的事，并且网络销售省去了传统建立店面的费用，同样的商品比卖场便宜 20%~30% 也是常有的事，这部分节省下来的钱积累起来也会是个不小的数目。

3. 多逛多看了解店面行情

现在小品牌的衣服像雨后春笋似的冒出来，很多时候在这家店里看到的衣服，在另外一家店里也能看到，即便不一样，也只是在细节上有些小变化而已。如果想买，你就要货比三家，多了解一些行情。

同样风格的衣服在不同的小店就会有不同的价钱，当然这也和衣服的面料、小店所处的位置不同有关。对于此类衣服，你可以多在几家商店逛逛，就算有些店主流露出想要和你商量价格的意向后，你也不必急着和他开始打口水仗。你可以很轻松地说在别家店也看到过这样的衣服，质量差不多，但是价格比他低一半。就算老板说你不识货不卖给你，那起码也得摸清楚行情。来到下一家店和老板理论的时候你就有了心理准备，买下来的价钱也贵不到哪里去了。

走过，路过，经过权衡就不会错过，货比三家，最合适的衣服可能在下一家店里。

买车，适合自己的最好

对于年轻的“小白”来说，虽然买房子是遥不可及的事情，但是积攒了几年后就可以给自己买辆车了。尤其是在大城市，住处和上班的地方距离很远，因此我们很容易就成为有车族。

有些人买车是为了上班出行的方便，而有些人则是出于攀比的心理，觉得别人有车，自己也要有，不顾自己的经济实力，追求豪华的车，到头来，可能被车子压得喘不过气来。其实，买车最好是在自己有条件的情况下，根据自己的经济实力，选择最适合自己的。

季舒的计划只是想买一辆代步的车，总价五六万元。他当时考虑买一辆二手。有同事说，二手车总不好吧。他觉得挺有道理的，于是把买二手车的计划放弃了。于是他把购车资金从五六万加到八九万。他到汽车城挑车，车子实在太多。导购员说，八九万的车只能算是入门级，如果加上一两万元，就可以买更好的车。

季舒一思考也对，自己是工薪阶层，不可能常换车，如果添一万元可以买到更好的车，何乐而不为呢。于是，他把购车资金提高到了十万。但他在选车过程中，发现车子的配置五花八门，空调是不是自动的，有没有天窗，气囊有几个……导购员对他说，如果是自动恒温空调，驾驶时会感到更加舒适。季舒觉得有道理，就按导购员说的选购车……

车子选定后，车价飙升到 12 万元。回来后，和同事聊起这车，但他们说车价有点高了，如果买这车不如再加点钱买辆自动豪华型的，开起来也轻松。季舒考虑了一下，觉得这个建议好。他把所有银行存款拿了出来，用 17 万元买了一辆集“优点”于一身的新车。

季舒每天开着新车，却很忧郁。养车每月需要 1 000 多元，家里没有余钱，心里总是空落落的。

前段时间，他的母亲患了一场大病，季舒不得不借了 5 万元。本以为有了车自己会很快乐，谁知自己被这车“套”住了。原先季舒的车每天擦得锃亮锃亮，现在，这车灰扑扑的，经常停在楼下，他能不开就不开，现在，季舒连折价卖车的念头都有了。

季舒原本只是想买个代步的车，预算也只是五六万元，但是，后来在导购员的忽悠下，花了17万元买了一辆。这个价格远远超出了他的预算，而且对他来说也是一个非常大的负担，也因为这辆超预算的车让自己的生活陷入了一连串的困境中。所以，我们要从季舒的经历中吸取教训，不要想着一步到位，一下子就把大把的钱砸在一辆车上。

要知道，车是一种消耗品，它是需要我们后续不断地花钱来保养它的，越好的车，其保养费就越高。如果我们的月工资只有3 000元，按照实际需求选择适合自己的车，不但省心还省钱。购车切莫凭一时冲动或人云亦云，尽量排除感性成分。选定车型前，工薪族不妨亲自驾试以亲身感受体验车的各项性能。

日常省钱的七大秘诀

1. 学会只买生活必需品

如今家里的生活用品变得越来越多，用于生活开支也随之越来越大，如果你想节省开支就必须尽量减少那些可有可无的用品的开支，只买生活必需品。同时在你购买之前，你还是应该先想一想你是不是真的需要。比如，或许你会很高兴地以六折的价钱买一件高档的晚礼服，穿上它的你如同电影明星，但是在买之前你也要考虑好：你是否有机会穿上它。

2. 尽量减少“物超所值”的消费

其实，有些交年费的活动看上去十分划算，但事实上你很少能够用到这些服务。例如，你花 1 500 元就能在全年使用健身中心的所有器材。有的时候你或许会为此动心，觉得自己去一次就得几十元，一年能去十次就不亏了，最终花了 1 500 元办了证，可是在一年之内没去几次，算下来比每次单独买票还要贵；公园的年票也同样是如此，办的时候觉得很划算，年底一看没去几次，一算还不如买门票便宜；还有手机话费套餐，原本短信费可以 20 元包 300 条，如果不包月则就要 0.1 元一条，你如果一个月只发 100 条，不包月的话就只要 10 元，若包月则要 20 元，那样就太不划算了。

3. 学会打时间差

事实上，打时间差也就是利用时间对冲，这也是最基本的省钱招数。商家利用时间差进行销售，消费者如果能够利用好时间差就可以省一笔，比如反季节购买，在夏季买冬季的衣服就能够为自己省不少钱。还有“黄金周”出游，这是因为全国人民都挤在了一起，耗时耗力还必须要支付更贵的门票，经常让人苦不堪言，改变的方式也十分简单，可以利用自己的带薪休假，将假期推迟 1、2 周，看到的风景当然就会不一样。买折扣机票选择早晚时段的乘客相对较少，也是相对地优惠，至于到 KTV 去享受几小时的折扣欢唱，或者到高档餐厅喝下午茶，换季买衣服，也同样是切切实实地节省金钱的好办法。

4. 学会打“批发”牌

通常，商品的价格都会有出厂价、批发价和零售价，同一个商品有不同的价格主要是由销售规模所决定的，规模能够产生一定的效益，其实也就正所谓“薄利多销”，因此当你的需求量较大的时候自然地就能获得低价格。对于那些长期储存而且不会变质的物品，最好是能够一次多购点，比如卫生纸、洗衣粉等。大宗消费假如可以联系到多个人一起购买会省得更多，比如买车、买房、装修、买家电等。

5. 不要一味要求最好

不求最好事实上就是一个有效的节俭策略，但是前提是不能够降低生活质量。在保证生活质量的前提下，适当牺牲一点舒适度，可以节省几张钞票也未尝不可。例如，KTV

在晚上的黄金时段一般价格都很高，假如你能够牺牲一下早上睡懒觉的时间，和朋友们在清晨赶到KTV，价格就会变得非常低，酣畅淋漓之后还能为你省下不少的钞票。

6. 时间、精力能够换来金钱

事实上，理财是辛苦活，当然也就需要花费一定的时间和精力。例如，收集广告就是既劳神又费力的活儿，有的时候还需要广泛动员，号召自己的家人参与进来，超市的优惠卡、报纸上的折扣广告、折扣券，以及在网上下载打印肯德基麦当劳等各种各样的优惠券。其实所有的这一切都需要专门收纳，不是有心人非常难做到。但是你如果无心的话，不了解价格行情，进了超市就买，这样就会白搭进去很多钱，吃很多亏的。

7. 要学会利用先进科技工具

其实所讲的先进科技工具就是网络。网络上的信息传播非常快，它也是很多人用来消费省钱的工具。例如，在网络上可以迅速地聚集网友来组团，也可以在最短的时间内知道某种商品的最低价格。有很多网络上的业务都处于推广的阶段，通常会有一定的优惠。例如，电子银行的业务促销，既有时代特征又有实际优惠，用建行的“速汇通”进行电话银行划转汇款费

第五章
借力生财，财路会越来越宽

第一节　借助智囊团

怎样挑选经纪人

经纪人可以为我们理财，那么该如何挑选经纪人呢?

经纪人由于从事的行业不同，所以可分为证券经纪人、期货经纪人、保险经纪人等。经纪人的作用，就是为买卖双方提供信息，促成双方的交易，并以收取一定佣金为目的。

经纪人的出现是资本市场发展到一定阶段后，社会闲置资金的必然要求。经济越发达，社会越发展，财富积累越多，各式各样的经纪人就越多。并且，老百姓也日渐意识到了投资理财的重要性，可自己缺时间，又缺乏经验，就更不用说相关的专业知识和技巧了。为了能省心挣到钱，委托经纪人不失为一个良方。

李先生自主创业，拥有一家属于自己的公司。随着拥有资金的增加，李先生很想理财，但是自己的时间不允许，于是他想到了委托经纪人。于是他找到一家经验丰富的证券公司，将自己的资产放手给证券公司管理。他现在的收入，一部分来自生产经营所得，一部分则源于投资理财的收益。很多人羡慕不已，但也有些不解：事业繁忙的他哪来的时间致力于投资理财呢？李先生坦言，委托专家理财是其制胜的秘诀。

既然经纪人能为你理财，那么该如何挑选经纪人呢？

1. 考察专业知识

挑选经纪人，要判断他的专业性，比如他有没有实际操作经验和判断能力，心理素质如何，是否值得信赖，等等。这些是他进行业务的基础，拥有越多经验和知识的经纪人，越值得信任。

2. 明确权利义务

委托专家理财，必然要签订委托合同。在签订之前，要仔细阅读条款，明确委托的期限、范围，避免产生歧义，从而减少纠纷产生的可能。

3. 寻找反馈

可以通过网络、咨询等方式了解别人对经纪人的评价，从而确定是否要委托这个经纪人。

最后需要注意的是，受托人的行为后果实际上是由委托人最终承担的，因此，信任专家而不能依赖专家，授权的范围要有一定限制，否则可能会出现权力滥用。一些关系重大的决策一定要由自己作最终决定。

如何借助于理财师

随着个人财富的增加，理财意识的增强，国内市场上对于个人理财业务的需求日益高涨，各大银行纷纷推出理财项目，并培训相关的理财服务人员。于是，专业的理财师也应时而生。人们都非常关注自己的财产，关注如何能更好地理财，自然也就十分关注理财师这一群体。那么应该如何选择优秀的理财师呢？

1. 从业资格证明

作为一个理财师，应当拥有相关资格证书，以证明他专业人士的身份，因此需要注意他是否拥有从业资格证明。不过，现在理财方面的资格证书种类繁多，各个证书的含金量也不尽相同，仅从表面上看，一般人很难分辨出差别，所以尽量挑选国际上认可的证书。

2. 实战经验

对于理财师来说，不可只能纸上谈兵。专业知识固然是鉴定一个人是不是合格理财师的标准，但实战经验更是鉴定他是不是一个好理财师的标准，它体现的是一个理财师在业务中的能力。因此，判断一个理财师是否能为客户提供更好的服务，就看他的理财经验如何。

3. 人品和职业道德

这两点对于理财师来说尤为重要。理财师的各种建议对于客户的财产都有很大影响，而他是否能克服工作压力，为客户提供合理的建议，并遵守自己的职业道德，便能证明他是不是一个真正值得信赖的理财师。

如何判断理财师的人品和职业道德？

（1）观察他是否在提出建议前充分了解了客户的财产情况。

（2）观察他是不是从顾客的角度提建议。

（3）观察他是否注意顾客的反馈信息，并根据反馈加以调整。

（4）观察他是否在为顾客介绍金融产品时，将产品的特点和风险全面向顾客阐述。

（5）观察他是否经常会见顾客，并在投资理财时，是否尊重顾客的各种意见。

通过上述标准，在选择了一个好的理财师后，也应当注意一些事项。例如，要掌握自己的财务状况和个人理财目标，并多跟理财师沟通，如果有什么意见和想法，要及时向理财师反馈。这样，在双方良性的互动下，理财师才能更有针对性地为你服务。

请一个专业的投资顾问

许多人在投资的时候，都会想请一个专业的投资顾问为自己出谋划策。那么，投资顾问能为你提供什么服务呢？

1. 对客户的资金情况进行评估

投资顾问在对财产进行规划建议前，会对它进行一番评估，这是投资顾问进行分析的前提。

2. 检查客户的投资组合

一般投资顾问会定期审查投资组合，以判断投资组合的效果如何。若不符合投资计划，会积极调整投资策略。

3. 帮助客户买卖证券和股票

投资顾问在投资过程中，起到的是辅助的作用。他帮助客户买卖证券和股票，给顾客提供各种建议。而在买卖证券和股票的过程中，最终定夺的还是客户，若不能获得客户的同意，交易是不能进行的。

4. 为客户的投资提供建议

有时候，由于市场条件的改变，客户的投资策略可能也需要随之而改变。这时，投资顾问就会根据情况提供一些建议，以平衡投资组合。

目前，国内的投资顾问种类主要有全面性服务的经纪人、记名投资顾问两种。前者是最普通的一种投资顾问，就其实质而言，就是帮客户买卖证券、股票的交易员。这类顾问一般佣金都较高，由证券交易委员会和相关的市场投资管理部门管理。后者是性质较独立的一类顾问，又可以分为资金经理、记名投资咨询师、财务规划师三类。

不过，不能过分依赖投资顾问，由于涉及高额报酬，投资顾问也可能会出差错。所以，在作决定的时候，一定要有自己独立的想法和见解，不能对投资顾问言听计从。另外，在平时应多留心，可以结交一些投资顾问或会计师，他们也许在一些情况下，能为你提供及时的投资信息。

由于国内的相关投资服务才刚刚开始，很多地方还不是很成熟，许多投资顾问只精通自己的这块领域。关于这点，选择投资顾问时应适当考虑。

第二节 赢得“黄金”人脉

储蓄友情就是储蓄财富

想要成就一番事业，你需要有良好的人际关系。我们生活在这个社会上，总会遇到和其他人合作的情况；一场足球比赛，一个人踢不了；一幢房屋，一个人建不了；一个人要生存，没有其他人也活不了……一个人的力量是十分薄弱的，许多问题一个人不能够独自解决。

因此，可以说，人脉是人类生存的必需，更是成功的催化剂。无论是谁，若在这个世界上没有朋友，那他的心灵肯定会被孤单扭曲，他的生活也会被寂寞摧毁。

朋友多了，路好走。这是个急速发展的社会，每个个体不可能凭一己之力成就自己，在追求速度、效益、成功的过程中，你最好的助推器就是人脉。是否拥有好的人脉，关系到工作、生活、事业能否顺畅运行。甚至，从某种程度上看，人缘已经成为一个人安身立命的关键。人脉越宽，路子越广。一个优秀的人，一个可以实现人生中的多种构想的人，一定是一个拥有成功的人脉关系的人！

美国石油大亨洛克菲勒曾经说过：“与太阳下所有能力相比，我更关注与人交往的能力。”这不正印证了人脉在他成就辉煌的事业中的重要性吗？成功者的智言，你不得不听。

人脉有多重要呢？这种重要表现在哪里呢？

1. 人脉广，赚钱的信息也就广

这是个信息高度发达的时代，到处潜藏着信息，而有信息，就有商机。这些信息单凭你自己绝对是收集不来的，收集信息更高效、更便捷的方法就是利用你的人脉。人脉就像是你的情报站，为你搜集无限的潜在信息；人脉就像是一个扶梯，帮你搭建事业更高的发展平台。

2. 人脉宽，条条财路才会顺

良好的人脉网络，能帮你拓宽自己的财路，能让你在财路上走得更快、更顺。在这个讲究多赢的时代，你不可能靠孤军奋战来成就大业。人脉即是你事业的命脉，你的人脉有多深、多广，你的事业就能发展到多深、多广。

没有人脉的人注定难有大作为。放眼全球，大凡成功的人都很注重交际，而人脉资源正是这些人事业有成的有效武器。有句话说得好：“30岁前靠自己，30岁后靠交际！”因此，要想成为亿万富翁，除了能力、机遇之外，你还需要把握的就是人脉！

编织你的人脉网络

获得财富的秘诀，放在整个社会的角度来看，就是要有良好的人际关系。好的人际关系就像是一笔无形的财富，会带给你源源不断的“钱流”。人际关系是一门要修一辈子的课程，你要用一生来体会其中的心得。

你该如何编织自己的人脉网络呢？人生处处有玄机，可能在无意中你因为某个细节就结识了一个大人物，但是大多数情况下，你要通过以下几个途径来建立你的人脉。

1. 良师益友

一个人要成大业比登天还难，但是一个人如果能得到良师益友的鼎力相助而形成一个团结的集体，那么要成大业就易如反掌了。

2. 朋友关系

一个人在外赚钱实在不易，如果能得到朋友的帮助就如虎添翼了，所以说“多个朋友多条路”。一些天南海北的人常在初次交往后发出这样的惊叹：“这世界简直太小了，绕几个弯子，大家都成熟人了。”其中奥妙就在于此。

3. 亲戚关系

俗话说：“是亲三分近。”亲戚之间大都是血缘或亲缘关系，这种血浓于水的特定关系决定了彼此之间关系的亲密性。这种亲属关系是提供精神、物质帮助的源头，是一种能长期持续、永久性的关系。因此，人们都会在平常与亲戚保持密切联系，在困难时期，求助亲戚最有利。

4. 同学关系

同学关系比一般的朋友关系更加纯洁、朴实，也更亲切、牢固。现代社会里，人际交往更注重同学关系，同学之间互相帮忙，经常可以见到。

同学的确能在关键时刻帮上自己的忙。但要值得注意的是，平时一定要注意和同学培养、联络感情，只有平时经常联络，同学之情才不至于疏远，同学才会心甘情愿地帮助你。如果你与同学分开之后，从来没有联络过，你去托他办事，特别是办那些比较重要、不关乎他利益的事情时，他就不会帮你。

5. 老乡关系

中国人对故乡有一种特殊的感情，爱家乡，更爱那里的人。于是，同乡之间，也就有着一种特殊的情感关系。如果都是背井离乡、外出谋生者，同乡之间更是会互相照应。中国的老乡关系是很特殊的，是一种很重要的人际关系。既然是同乡，那涉及某种实际利益的时候，则是“肥水不流外人田”，只能让“圈子”内的人“近水楼台先得月”。也就是说，必须按照“资源共享”的原则，给予适当的“照顾”。

一个社交高手，一个成功的人，绝对不会忽视对人脉的经营，在这方面，你越是精心，越能发现更多的成功秘诀！

发掘你身边的贵人

虽然我们都相信“爱拼才会赢”，可若是没有贵人的相助，你能向上走多久？因此，在你想要事业飞黄腾达、扶摇直上前，绝对不能缺少一个环节——寻找能帮助你的贵人。

那么，贵人在哪里呢？茫茫人海，到哪里去寻找自己的贵人呢？实际上，贵人就在你身边，在每一次邂逅里，在你的名片里，在公车上，在各种聚会里，在你熟悉的和不熟悉的地方。人人都可能成为你的贵人，你的一次微笑、一句问候，都能让陌生人变成熟人，都能让遥远的距离缩近。

这样的贵人一般具备以下特征。

1. 有能力的人

有人说过，要看一个人是什么样的人，就要看他的朋友是什么样的人。确实，我们所交朋友的水准直接影响我们自己的水准。提高自己的交友水准，可以让你找到自身的不足，学习朋友身上的优点，而且也可以让你进入自己所没有涉足过的圈子，丰富自己的知识面。与强者做朋友，时间长了，你才会有一种成功者的思维，你才会用一种成功者的思维去思考。可能他现在还没有作出多大的成就，但是他至少具备成就一番事业的潜力。

2. 正直的人

这个朋友为人要正值，要坦荡，要刚正不阿，一个人不能有谄媚之色，要顶天立地，这是一种好朋友。因为他的人格可以映衬你的人格，他可以在你怯懦的时候给你勇气；他可以在你犹豫不前的时候给你鼓励，让你有所发展，从而获取成功。

3. 宽容的人

其实宽容有的时候是一种美德，它是这个世界上最深沉的美德之一。我们会发现，当我们不小心犯了过错或者对他人造成伤害的时候，过分的苛责或批评，都不如宽容的力量来得恒久。其实，有时候最让我们内心受不了的是一个人在忏悔的时候没有得到他人的怨恨反而得到了一种包容。所以，宽容的朋友，会让我们内心增加一种自省的力量；宽容的朋友不会使我们堕落或者更多放纵自己，反而会让我们从他们内心的包容上找到自己的弊病，找到自己的缺失。

那么，当你确定了他就是你的贵人时，你该做些什么来引起他的注意呢？

1. 主动接触

越是主动乐观的人，越让人觉得有能力，也越想和他相处。因此，当你碰到机遇的时候，要不断地去接触，去结识更多的人。你主动展示自己的次数越多，认识你和了解你的人也越多，而你挖掘到贵人的可能性也就越大。

2. 赢得赏识

若对方对你来说是很重要的人，你不妨用心记住他的姓名、性格、爱好或者有什么成就。当下次遇到他的时候，如数家珍般同他交谈，必然会引起他的好感，从而令其觉得“相见恨晚”。另外，还要多帮助贵人办事，关注他的需要。正所谓“将欲取之，必先予之”，你不付出，就想让别人为你做事，未免太势利了。

3. 主动援助

“虎落平阳被犬欺”，你的贵人可能也有遭遇失败或者遭受排挤的时候，这时候，你若能伸出援助之手，就能深深感动他的心。此时，你对他伸出一只手，他必然会铭记在心，来日也一定会向你伸出一只手。

4. 没事常联系

手机的普及，使人们彼此间的沟通又多了一个途径。所以，你常会在人们的手机里看到一句——“有事没事常联系”。这点不光是对朋友，对你好不容易认识的贵人也一样。人和人的相处，都遵守着同样的规则——越联系越熟悉。再好的朋友，如果长时间不联系，也会变成没有共同语言的陌生人。适当挖掘你身边的贵人，适当关心你身边的贵人，适当帮助你身边的贵人，当你需要帮助、关心的时候，他们的肩膀就是你最好的依靠，最好的助力！